【中国人格读库】

国家新闻出版广电总局
培育和践行社会主义核心价值观主题出版重点出版物

邹容传

高占祥　主编

董尚　王晓　著

北京时代华文书局

图书在版编目（CIP）数据

邹容传 / 董尚，王晓著 . -- 北京：北京时代华文书局，2015.8（2022.3 重印）
（中国人格读库 / 高占祥主编）
ISBN 978-7-5699-0453-6

Ⅰ . ①邹… Ⅱ . ①董… ②王… Ⅲ . ①邹容（1885 ～ 1905）一传记
Ⅳ . ① K827=52

中国版本图书馆 CIP 数据核字（2015）第 183478 号

邹 容 传
Zou Rong Zhuan

主　　编 | 高占祥
著　　者 | 董　尚　王　晓

出 版 人 | 陈　涛
责任编辑 | 邢　楠
装帧设计 | 程　慧　段文辉
责任印制 | 訾　敬

出版发行 | 北京时代华文书局 http://www.bjsdsj.com.cn
　　　　　北京市东城区安定门外大街 138 号皇城国际大厦 A 座 8 楼
　　　　　邮编：100011　　电话：010 - 64267955　64267677
印　　刷 | 三河市嵩川印刷有限公司　0316 - 3650395
　　　　　（如发现印装质量问题，请与印刷厂联系调换）
开　　本 | 787mm×1092mm　1/16　　印　张 | 10.5　　字　数 | 100 千字
版　　次 | 2016 年 1 月第 1 版　　　　印　次 | 2022 年 3 月第 3 次印刷
书　　号 | ISBN 978-7-5699-0453-6
定　　价 | 38.00 元

社会主义核心价值观与中国人格

周殿富

社会主义制度在中国已经建立了六十余年，而我们党则在本世纪初叶提出了培育弘扬社会主义核心价值观的重大课题，显然是其来有自。

社会主义的道德风尚在新中国蔚然兴起，曾经那样地风靡于二十世纪中叶。邓小平同志曾经在改革开放中讲过，当年"这种风气不仅是中国历史上从来没有过的，而且受到了世界人民的赞誉"。然而可惜的是，这个在社会主义制度建立与实践中，同步兴起的社会主义道德风尚的成长道路，却是一波四折。半个多世纪以来，它先是与共和国一道遭受了十年"文革"的浩劫；接着便是全党工作重心转移到改革开放进程中，欧风美雨"里出外进"的浸洗濡染；再接着是西方"和平演变"在东欧得手的强烈震荡与冲击；最后又是市场经济中那两只"看不见的手"在搅动着、嬗变着人们的价值取向。至少在国民中出现了价值观上的多层次化，传统美德的弱化，社会道德文明水准的退化，光荣革命传统的淡化，这也许正是中央在本世纪初提出社会主义核心价值观的原因吧。

不管怎么"变"，怎么"化"，当我们回首来时路，却不能不说，中华民族真的很强大，很值得骄傲。人类经历了几千年的文明进程，堪称世界文化之源的"五大文明古国"，其他四大古国文明都已被历史淘汰灭亡，只有中国成了唯一的延续存在。近现代即使那般的积贫积弱，被西方列强豆剖瓜分、弱肉强食，想亡我中华都不可能，就连最强大的美帝国主义，最凶残的日本军国主义都成为我们的手下败将，而且打出了一个新中国，且跨过整整一个历史阶段，直接进入了社会主义。西方敌对势力几十年不遗余力地对新中国百般围剿，"冷战""热战""和平演变"手段用尽，连如此强大的前苏联乃至整个苏东阵营都被瓦解了，而社会主义的旗帜仍旧在960万平方公里的土地上高高飘扬，而且昂首挺胸地屹立在世界的东方，中国真的是太强大了。几十年来的瞩目成就，竟然令西方发出了"中国威胁论"。你管他别有用心也好，言过其实也好，总比让别人说我们是"瓷器"，是"东亚病夫"好吧？1840~1949年的一百零九年间，中国尽受别人的欺负、"威胁"了，我们也能让那些昔日列强有点"威胁感"，又有什么不好？更何况这是他们自己说的啊！我们并没吹嘘，也没有去做。几千年来我们侵略过谁呢？"反战""非攻""兼相爱，交相利"，中国古有墨子，近有周恩来、邓小平同志。这也是中华民族固有传统美德的延续吧！

生于忧患，死于安乐，这也当是中华民族的一个传统美德吧？几十年来尽管中国如此繁荣兴旺，但从邓小平生前一直到党的"十八大"以来，无论哪一届中央领导集体，从来都没有忘记过国之忧患。忧在何处，患在何处呢？

二十世纪八十年代末，邓小平同志曾经在半年的时间内四次提到：中国改革开放十年最大的失误在教育，在"对青年的政治思想教育抓得不够""对人民的教育不够"，足见他的痛心疾首。他晚年时又提到了"国格"与"人格"的问题，讲道："谈到人格，但不要忘记还有一个国格。特别是像我们这样第三世界的发展中国家，没有民族自尊心，不珍惜自己民族的独立，国家是立不起来的。"

（精装版《邓小平文选》第3卷331页。）

人们很少注意到邓小平的这一段话，但邓小平恰恰是在这里把"国格""人格"提升到了事关"立国"的高度。

那么，什么是我们社会主义的"国格"呢？邓小平讲得很明白："民族自尊心""民族的独立"。

新中国一路走来，我们最大的尊严便是完全靠"自力"，靠"艰苦奋斗"，而达"更生"之境。对西方敌对势力的"冷战""热战""和平演变"，我们何曾有过屈服？也正是在这一前提下，我们才有真正的"民族独立"。这就是我们的国格。那么什么是我们中国人的人格呢？邓小平同志在这里没有讲，但他在1978年4月22日召开的全国教育工作会议上的讲话中，在讲到我们的教育培养目标时，至少提到与社会主义人格相关的各个方面：革命的理想，共产主义的品德，勤奋学习，严守纪律，艰苦奋斗，努力上进，爱祖国，爱人民，爱劳动，爱科学，爱护公共财产，助人为乐，英勇对敌，集体主义精神，专心致志地为人民工作，等等。这里的哪一条不属于社会主义人格的范畴呢？

2006年党的十六届三中全会，第一次提出了"建设社会主义核心价值体系"的历史性命题和战略任务。2007

年，胡锦涛同志在"6·25"讲话中又具体提出这个"体系"包括四个方面的内容：①马克思主义的指导思想；②中国特色社会主义共同理想；③以爱国主义为核心的民族精神和以改革创新为核心的时代精神；④社会主义荣辱观。这四个方面，一是信仰，二是理想，三是精神，四是道德文明，哪一个不在社会主义人格的范畴之内呢？党的十七届六中全会又提到了社会主义核心价值体系是"兴国之魂"。

2012年11月，在党的"十八大"上又用"三个倡导"把社会主义核心价值观概括为十二项：①倡导富强、民主、文明、和谐；②倡导自由、平等、公正、法制；③倡导爱国、敬业、诚信、友善。而且中办文件又把这"三个倡导"分为三个层面：第一个"倡导"的四项，是国家层面的价值目标；第二个"倡导"的四项，是社会层面的价值取向；第三个"倡导"的四项，是公民个人层面的价值准则。实际上前两个"倡导"的八项都是属于"国格"范畴，而第三个"倡导"是属于"人格"范畴。

那么，我们怎样才能在前面讲到的那些历史嬗变中培育建构起这个"核心价值观"呢？中共中央政治局的第十三次集体学习，似乎很明确地回答了这个问题。

新华社北京2014年2月25日电讯称：中央政治局在2月24日，以弘扬社会主义核心价值观，弘扬中华传统美德为内容，进行了集体学习，习近平总书记在主持学习时强调：

培育和弘扬社会主义核心价值观必须立足中华优秀传统文化。牢固的核心价值观，都有其固有的根本。抛弃传统、丢掉根本，就等于割断了自己的精神命脉。博大精深的中国优秀传统文化是我们在世界文化激荡中落稳脚跟的根基。中华文化源远流长，积淀着中华民族最深层的精神追求，代表着中华民族独特的精神标识，为中华民族生生不息、发展壮大提供了丰厚滋养。中华传统美德是中华文化精髓，蕴含着丰富的思想道德资源。不忘本来才能开辟未来，善于继承才能更好创新。对历史文化特别是先人传承下来的价值理念和道德规范，要坚持古为今用、推陈出新，有鉴别地加以对待，有扬弃地予以继承，努力用中华民族创造的一切精神财富来以文化人，以文育人。

习近平总书记的这段论述相当精辟，对于如何培育建构社会主义核心价值观问题从四个方面剖切明白。

第一，他明确指出要在中华优秀传统文化的基础上，来构造我们的社会主义核心价值观，而不能割断历史。这一条十分重要，否则我们便会失去我们的本来面目，便会成为无源之水，也就无法走向未来。

第二，指出了中华传统美德是中华文化精髓，蕴含着丰富的思想道德资源。这就为我们揭示了社会主义核心价值观，要以弘扬优秀的中华传统美德为基础。

第三，他指出，对传统文化在扬弃中继承，在继承中创新。这就是说，社会主义核心价值观的内涵，既要有优良传统的文化精神，也要有时代精神，是二者的有机结合。

第四，他指出要用中华民族创造的一切精神财富，来化人育人。这就是说，弘扬中华民族文化，并不只是传承儒学那些道统，而是要弘扬全民族共创的优秀传统文化。同时也就是说，培育、弘扬社会主义核心价值观的根本目的是化民、育人。

尤其值得瞩目的是，习近平总书记在这次讲话中提到了一个"中华民族独特的精神标识"问题，而在同年的全国组织部长会议上又提出我们再也不能以GDP论英雄的思想。让人欣慰的是，思想道德文化建设终于被提升到一个民族的标识地位，这至少表明中国人的思想观念，并不落伍于世界潮流。

并不受人欢迎的亨廷顿生前给他的祖国提出的警示忠告，竟是如何弘扬他们没有多少历史和文化的"传统文化"："盎格鲁新教精神——美国梦"，以此为国家的"文化核心"问题。他讲道："在一个世界各国人民都以文化来界定自己的时代，一个没有文化核心而仅仅以政治信条来界定自己的社会，哪有立足之地？"所以，他提醒他无限忠于的祖国，一定要巩固发扬他们自入居北美以来，在新教精神基础上形成的"美国梦"理念的"文化核心"地位，这样才能消解这个国家的民族与文化双重多元化的危机。为此，他甚至预言美国弄不好会在本世纪中叶发生分裂。而且他公开预言不列颠大英帝国也会因民族与文化多元化的问题，导致在本世纪上半期发生分裂。

西方的一些专家学者们也十分强调国家民族文化的地位问题，柏克说："全世界的人根据文化上的界限来区分自己。"丹尼尔同样说："保守地说，真理的中心在于，对一个社会的成功起决定作用的是文化，而不是政治。开明地说，真理的中心在于，政治可以改变文化，使文化免于沉沦。"这些语言也可能有它们的局限性与某种非唯物性，但至少可以让我们看到那些发达的资本主义国家在想什么，至少与马克思主义经典作家们，关于意识形态并不总是消极被动地接受它的经济基础的论断并不相悖。

中国显然具有世界上最悠久的民族文化，同时显然也拥有世界上最强大的政治优势。新中国包括它直接进入社会主义的经济形态，以及其后的一次次经济变革，哪一次不是靠政治力量在强力推动呢？它当然同样拥有让我们几千年的民族文化"免于沉沦"的能力。有学人认为我们的民族文化早就被以往一次次的历史性灾难割裂了，这个看法显然都是毫无道理的。但我们当下却确实面临着"两个传统"失传失统的危险。中国的传统文化与优秀的民族美德，在当代国民中还有多少传承？老一代中国共产党人用生命与鲜血铸就的光荣革命传统，在党内还有多少"光大"？我们现在全民族的"核心文化"到底在何处？"社会主义核心价值观"的提出不仅符合世界潮流，也是使我们优秀的民族文化得以传承而不发生历史断裂的根本保证。富和强永远都不是一个民族的标志，哪个国家不可以富，不可以强？但能代表中国"这一个"本来面目，具有自己民族特色的，唯有中华民族的文化，能代表中国人形象的只有中国独具的道德人格。什么是人格？人格就是原始戏剧中不同角色的本来面目。

　　综上所述，我们是不是可以这样认为，社会主义核心价值观应内含如下的成分：中华民族传统文化中的优秀传统美德；中国人民近现代反帝反侵略反封建的爱国主义、斗争精神与中国共产党领导下形成的几十年光荣革命传统；中国化了的马克思主义有中国特色社会主义的共同理想；与"中国梦"远大目标相适应的时代精神。由这些内涵构成的社会主义核心价值观，用它来干什么呢？用习近平总书记的话来说就是"化人""育人"，把它再具体化一下，无非是打造能体现中华民族特色，代表中国形象的国格、人格。在思想道德层面上，一个国家的民族精神也只有在人的身上才能体现，所以我们依据社会主义核心价值观的基本要求，针对当代青少年的实际情况，策划了《中国人格读库》这样一套大型系列选题。

　　本套书承蒙全国少工委、中华文化促进会、团中央中国青年网三家共同主办推广，并积极提供书稿。难得高占祥老前辈热情出任该套书的编委主任，且高占祥同志不辞屈就加盟主创作者队伍。一些大学、中学教师与青年作者也积极加盟此套书的编写。该选题被国家新闻广电出版总局列为2014年全国社会主义核心价值观重点选题，在此一并鸣谢。

　　希望本套书的出版能为社会主义核心价值观的培育与弘扬，为促进青少年的道德人格养成起到积极的作用。欢迎广大读者与作家对不足之处批评教正，多提宝贵建议与指导意见。

　　谨以此代出版前言并序。

二〇一四年十月
于北京时代华文书局

引言

邹容吾小弟，被发下瀛洲。

快剪刀除辫，干牛肉作糇。

英雄一入狱，天地亦悲秋。

临命须掺手，乾坤只两头。

——章太炎《狱中赠邹容》

有些人的生命总是无悔，总是灿烂，总是煌煌哉不负一生。这只是因为他们总是做了一些、完成了一些惊天地泣鬼神的大事。换言之，有些人肩负使命、身负重任，在他们或长或短或苦或甜的人生中将自己的生命力尽数释放，在与命运最伟大、最激烈的碰撞中迸射出永恒的火花。

比如孙中山，在他去世后，"三民主义"就为他灿烂了，革命纲领就为他诵读了，豪情满膺就为他光彩了，他用尽了自己的生命去实现他的使命，去完成他的责任，一生无悔。

邹容

　　比如黄兴，在他离开之后，黄花岗的七十二名烈士就同他相伴了，二次讨袁的炮火就为他轰隆了，慷慨北上的汽笛就为他拉响了，他的努力将永远成为中国人昂首挺立的脊梁。

　　比如鲁迅，自他辞世后，《阿Q正传》就为他永恒了，《狂人日记》就被世界铭记了，《呐喊》和《野草》就为他镌刻了，他的彰彰辞章将永远不会被人类忘却。

　　而邹容，也是如此，自他呱呱坠地，就要勇于担起自己的使命与责任：他的东渡求学，他的愤而革命，他的犀利笔锋，他的词风锐利而意气勃发的《革命军》，他的刚直傲骨，他的慷慨就义，他就像被天文学家们在草稿纸上算好的流星一般，忽然而来之后默然离去，只余下那满天的光焰与灿烂的华彩照亮了那个时代黑暗的天空。

　　他天生神童，心怀寰宇，不愿做那"衰世举人"，不愿当那"奴隶官员"，只想着学习经世致用真学问、作些报国救民真文章，追求不朽盛事，千载芳名。

他是一介狂生，潇洒不羁，从小厌倦八股文字，讨厌四书五经，考场之上敢和考官据理力争，面对黑暗从不曾退却半步，算得上名士风流、铮铮傲骨。

他是革命锐卒，刚猛热烈，一部《革命军》文若流星坠地，词如天马行空，犀利锋锐的思想直指人心，笔锋力透纸背，搞得反动统治者焦头烂额、左支右绌。

他是昂昂国士，赳赳男儿，身受牢狱之灾，面临朝廷威胁，却始终不曾更改革命初衷，至死不变救国真心，百死不悔，不曾回头，最终悲壮就义、英年早逝。

而邹容最著名的作品当数一部皇皇《革命军》，它不仅被千千万万争相传阅的人评价为"国民教育之第一教科书"，更是以高昂的革命激情、淋漓的革命意志将人民长期积蓄在心中的国恨家仇倾吐出来，旗帜鲜明、大刀阔斧、大开大合、直言不讳，"劝动天下造反"，宛若天翻地覆之际一声惊雷，炸开万古黑暗，透出万丈光明！

《革命军》自出版后，翻印流传极广，风行国内海外。据估计，它在辛亥革命时期，共印了二十多版，总印数超过一百一十万册，占清末革命书刊销售量的第一位。而正如鲁迅所言，"便是悲壮淋漓的诗文，也不过是纸片上的东西，于后来的武昌起义怕没有什么大关系。倘说影响，则别的千言万语，大概都抵不过浅近直截的'革命军马前卒邹容'所作的《革命军》。"

是以，今天，让我们走进邹容，走进《革命军》，体味百年前那一缕慷慨壮烈的灵魂。

目录

第一章　风雨如磐

侵略渐深

历史的车轮缓缓运转，揭开了工业时代与帝国主义时代的序幕，为还在迷蒙与睡梦中的中国投射来一缕阴影。

带着洋枪洋炮的西洋人来了，他们以贪婪而谨慎的眼光审视着这个马可·波罗笔下富饶而强盛的国度，小心翼翼地进行着接触：乾隆五十七年（1792年），英国派遣了马嘎尔尼使团打着为乾隆皇帝贺寿的旗号来到了这个神秘的文明古国。虽然访华旅团的真实目的是"取得以往各国未能用计谋或武力获取的商务利益与外交权利"，但是这也不妨碍他们的真诚与平等——他们带着英国当时最先进的工业产品、各种洋枪洋炮、各种稀罕玩意儿，马嘎尔尼乘坐着当时英国最先进的军舰——狮子号，带着好奇与激动来到了位于欧亚大陆远东的北京城。

来到北京城的第一站就让马嘎尔尼无比气愤与屈辱：9

月14日，乾隆皇帝"恩准"在热河行宫内接见了马嘎尔尼，而就在这普普通通的接见时，发生了一场让后世史家议论纷纷、感慨万千的礼仪之争。自大而狂妄的清政府要求马嘎尔尼使团行三跪九叩大礼，而这在西方是不可想象的——他们对于国王只会单膝下跪，行吻手礼，即使对于上帝也没有这种礼节。固执已见的双方僵持不下，始终不能达成一致意见，最终双方都没有达到自己的目的，只能以英国使节团行单膝跪地礼而草草告终。

没有得到"蛮夷"的尊重的乾隆皇帝非常不开心，以至于当马嘎尔尼向清政府提出他们此行的真正目的"派驻使臣常驻北京，开放宁波、舟山群岛、天津为贸易口岸……"的时候遭到了乾隆皇帝的一口回绝。这位皇帝回绝的借口与中国的其他皇帝几乎如出一辙，甚至表现得更加像一位中原皇帝，他傲慢地说"天朝物产丰盈，无所不有，原不借外夷货物以通有无"，至于使节团送上的洋枪洋炮和西洋工业品，他也是表现出了不屑一顾的态度，丝毫不在意这些"奇技淫巧"的产物。

而当马嘎尔尼向清朝的大将军福康安提出请参观西洋士兵演练的时候，更是得到了后者的傲慢拒绝："中国实力强大，无所不有，根本不稀罕蛮夷的军事演练。"更加讽刺的是，马嘎尔尼作为礼物带来的西洋火炮、开花弹等东西就存放在圆明园中，一直没有得到使用。倒是英国人在1860年的第二次鸦片战争中洗劫圆明园，从库房里面找到了自己昔日的礼物，顺便将它们拉回伦敦作为纪念！

在中国遭到了无礼待遇的马嘎尔尼愤愤不平地返回了本国，在离开前他意味深长地说了这么一句话："清政府好比是一艘破烂不堪的头等战舰，它之所以在过去一百五十年中没有沉没，仅仅是由于一班幸运、能干而警觉的军官们的支撑，而它胜过邻船的地方，只在她的体积和外表。但是，一旦一个没有才干的人在甲板上指挥，那就不会再有纪律和安全了。"而就在短短五十年之后的1840年，这句话就得以应验！

自1840年开始，利用区区七千名远征军打败了偌大的大清帝国的列强终于明白了这个衰朽不堪的老大帝国的脆弱与不堪一击，他们开始伸出爪牙、露出狰狞面容、抽出藏在衣服里面的刀剑，准备对着这块肥美无比而没有抵抗能力的肥肉大快朵颐。

假如你对于中国遭受列强入侵的经历尚且不够清楚，那就一起来重温一下那些逝去的过往烟云吧，相信你会从中体会到一个时代的落幕与一个文明古国就此沉沦的无奈与悲凉。

为了牟取暴利、打开中国市场，在茶叶、瓷器交易中处于贸易逆差的英国开始了丧尽天良而严重违背国际道义的鸦片贸易。到了19世纪30年代末，英国鸦片输入量极为惊人，不仅从中国掠夺了大量白银，导致物价腾贵，更是养肥了一大批丧心病狂的鸦片贸易商，使得英国人的东印度公司、英属印度政府及鸦片贩子获得暴利，造就了连同英国议会与贸易商的鸦片贸易关系网。

1839年1月，清朝钦差大臣林则徐奉旨禁烟，并于6月3日进行了震惊中外的虎门销烟，销毁鸦片两万多箱。1840年6月，恼羞成怒的英国侵略者为保护罪恶的鸦片贸易，以"破坏贸易自由"的名义对中国开战。英国侵略者依仗其船坚炮利的优势，先后攻陷舟山、虎门、厦门、宁波、吴淞、镇江等地，侵占香港岛。1842年8月29日，清政府的钦差大臣耆英、伊里布与英国全权代表璞鼎查于南京江面上的英国"汗华丽"战舰上签署了鸦片战争和约，宣告着古老的中国在外敌的入侵面前不堪一击。

中英《南京条约》共13款，主要内容：1、宣布结束战争。两国关系由战争状态，进入和平状态。2、五口通商。清朝政府开放广州、福州、厦门、宁波、上海等五处为通商口岸，准许英国派驻领事，准许英商及其家属自由居住。3、赔款。清政府向英国赔款2100万元，其中600万元赔偿被焚鸦片，1200万元赔偿英国军费，300万元偿还商人债务。其款分4年交纳清楚，倘未能按期交足，则酌定每年百元应加利息5元。4、割地。清朝政府将香港岛割让给英国。5、另订关税则例。清朝政府将以公平的原则颁布一部新的关税则例，以便英商按例交纳。6、废除公行制度，准许英商与华商自由贸易。

作为近代列强强加于中国身上的第一个不平等条约，《南京条约》预示着古老的东方帝国真正成为近代国际中落后而贫弱的一员，而昔日强大的军队与政府在近代工业文明的冲击下显得虚弱无比。自此，从前的"天朝上国"成为一个半殖民地半封建社会，不断遭受着来自西方的工业文明的冲击，在沉沦的道路上一去不返。

虽然通过一系列的不平等条约打开了中国的大门，掠夺到了相当多的权益，然而西方侵略者的野心和胃口是永无止境的。而且，因为中国闭关锁国的国策与小农经济为主的经济体制使得市场闭塞，西方侵略者想象中的对华输出并没有取得他们料想中的增长。不满足于已取得的特权与利益的侵略者们开始向清政府索要更多的特权与优惠。

1854年、1856年，英国联合美国、法国两国向清政府提出"修改条约"的照会，妄图获得更大的利益。三国的外交照会中包括开放中国内地、公使常驻北京、鸦片贸易合法化等要求，结果全部遭到拒绝。1856年10月，贼心不死的英国政府以"亚罗号事件"为侵略借口，悍然发动了第二次鸦片战争。

1857年，英法联军远征军一路跋山涉水来到中国，花了不多的时间就攻陷了广州。1858年（咸丰八年）4月，联军北上来到大沽，英、法、美、俄四国专使向清政府递交了外交照会，限令清政府于六日内答复他们的侵略要求，否则就将发动战争。

5月20日，英法联军悍然攻陷大沽炮台，于26日进犯天津，不仅威胁清政府速派大臣谈判，更是作出了一副要攻克北京的架势。被太平天国运动搞得狼狈不堪的清政府无力抗衡，只能决定妥协议和。6月26日，清朝政府使节桂良、花沙纳与英国代表额尔金正式签订了又一个丧权辱国的《中英天津条约》。

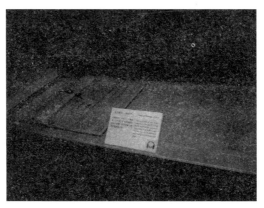

《南京条约》复制品，香港历史博物馆藏

《中英天津条约》共56款，另附专条1款。主要内容有：1、英国驻华使节并各眷属及各随员"可在京师，或长行居住，或能随时往来"，可在北京租地租屋，雇觅夫役。英在通商各口设领事馆。2、凡传播宗教者，清政府应一体保护。英国人可前往内地游历、通商。3、除广州、福州、厦门、宁波、上海五口外，增开牛庄①、登州（今烟台）、台湾（今台南）、潮州（今汕头）、琼州各口；长江汉口以下至海沿岸，除增开镇江

---

① 牛庄：位于辽宁省鞍山市海城市南部。在《天津条约》中，实指营口。

一口外，再选择不超过三处地方开放；许英商船驶入长江至长江沿岸各口岸经商；英国兵船亦得进入各通商口岸。英国人有权雇佣华人，可在各口并各地方租地盖屋，设立栈房，建立教堂、医院、墓地。4、涉及英国人的纠纷案件，英国当事人及财产，皆归英国官员查办；英国人犯法，由英国官员惩处；中国人扰害英国人，由中国官员惩办；中英两国之人争讼而又不能劝息，由中国地方官与英国领事会同审办。5、中英双方应于《天津条约》签订后尽快于上海会商新税则；英商进出口货物于内地应纳之"子口税"，应"综算货价为率，每百两征银二两五钱"，一次缴清。6、今后若有给予他国特权，"英国无不同获其美"。7、赔偿英国商民损失及军费共400万两；赔款缴清，方将广州城交还。

《中英天津条约》不仅又一次破坏了已经脆弱不堪的中国主权，更是给予英法侵略者更多的侵略特权，方便他们在中国扩展势力范围，增加自己的影响和势力。自此之后，英国资本主义的侵略势力扩展到华南、长江流域和东北地区，距离出口货物的产地和进口货物的行销地更加接近，方便了他们向中国倾销产品与掠夺原料，对中国经济造成巨大的破坏。

不满足于从《天津条约》中获取的种种特权的英法政府没有闲着，他们利用一切机会挑起与中国之间的争端。1859年6月，在拒绝了中国使节桂良提出的在沪换约的建议后，英国公使普鲁斯、法国公使布尔布隆和美国公使华若翰各率一支舰队到达大沽口外，企图以武力威慑清政府交换《天津条约》批准书。

妄图抵抗的清政府派遣军队在大沽口炮台设防，命令直隶总督恒福照会英、法公使，指定两国公使由北塘登陆，取道天津去北京换约，随员不得超过二十人并不得携带武器。这一要求遭到英、法公使的断然拒绝，他们坚持以舰队经大沽口溯白河进京，战争一触即发。

6月25日，英海军司令贺布亲率12艘军舰从拦江沙开往海口，下午3时，贺布命令英法联军进攻大沽炮台。而驻守炮台的清军在僧格林沁的指挥下，英勇抵抗，发炮还击，与英法联军鏖战多时。战斗激烈无比，清军伤亡颇多，直隶提督史荣椿、大沽协副将龙汝元身先士卒，先后阵亡。而因为清军火力凶猛，战术得当，击沉击伤英法联军舰船十艘，击毙击伤敌军近五百人，重伤英舰队司令何伯，这是鸦片战争以来，清军难得的一次胜利。

在遭到惨败后，英法政府内部喧声动天，纷纷要求对中国"实行大规模的报复"、"占领京城"。1860年2月，英、法帝国主义当局分别再度任命额尔金和葛罗为全权军事代表，率领英军一万五千余人，法军约七千人，再度扩大侵华战争。1860年8月1日，英法联军从北塘登陆进占天津。1860年9月21日，八里桥之战中国军队惨败，英法联军进逼北京，咸丰皇帝于初八那天清晨带着后妃、皇子和一批王公大臣，仓皇逃到承德避暑山庄（讽刺的是，这里就是乾隆皇帝接待马嘎尔尼的热河行宫）。

在英法联军洗劫了北京城，焚毁了"万园之园"圆明园之后，经受不住压力的清政府俯首称臣，决心签订不平等条约。1860年10月24日、25日，恭亲王奕䜣分别与英法使节额尔金、葛罗交换了《天津条约》的批准书，并订立中英、中法《北京条约》。

中英、中法《北京条约》的主要内容有：开天津为商埠；准许英、法招募华工出国；割让九龙司地方一区给英国；退还以前没收的天主教资产（除此之外，法方还擅自在中文约本上增加"并任法国传教士在各省租买田地，建造自便"）；赔偿英、法军费各增至八百万两，恤金英国五十万两，法国二十万两。

自此，经过两次鸦片战争，这个马可·波罗笔下无比强盛辉煌的"东方帝国"已经彻底成为欧洲列强眼中的笑料与肥肉，成了人人都想要分一杯羹的"远东殖民地"。昔日的荣光与强盛已然成为遗老遗少们追忆笑谈中的过眼烟云，成了史书竹简中难以窥伺的光辉岁月，成了弹词唱段中的追悔莫及，而现实却是日趋衰弱的晚清政府面对着一个浩浩荡荡的"三千年未有之大变局"显得左支右绌而不能支撑，最后只能苍凉地发出最后一声叹息，任由来自西方与远处的侵略者从自己身上割下一块又一块肉来，给自己的子民增加无限的苦难。

而自从《北京条约》签订之后直到邹容出生的1885年，中国政府还签订了数之不尽的丧权辱国协议：1864年10月7日（同治三年九月七日）签订《中俄勘分西北界约记》；1879年10月2日（光绪五年八月十七）崇厚擅自与俄国签订《交收伊犁条约》；1881年2月24日（光绪七年正月二十六）签订了中俄《伊犁条约》；1884年5月11日（光绪十年四月十七）签订了《中法会议简明条款》；1885年4月4日（光绪十一年二月十九）签订了《中法停战条件》；1885年6月9日（光绪十一年四月二十七）签订了《中法会订越南条约》……

　　那时候的中国人，就如同一颗颗卑微而不起眼的种子，痛苦地生存在这个黑暗而残酷的王朝末期。他们耕种，忍受着超过一半的税率与不时爆发的天灾人祸，每年所获却不能给自己的家人带来幸福与饱足，倘若遇上灾年还要到处逃荒乃至于卖儿卖女易子而食；他们经商，面对着日渐猖獗的洋货入侵和到处设卡的厘金税卡，大商家经营所得或许足够自己过上奢华富足的生活，而小个体却只能勉强混个温饱，在这个世界竭力存活，而等到洋人的势力侵入，也只能无奈地看着自己的生意衰败，无可奈何；他们读书，一个个头发或深黑或花白的举子用尽了一生的时间研究那些对于实际没有作用的八股文章与应制诗，试图进入上层社会，成为吃人的人而不是被吃的人，只有那些善良而纯真的人却在考中之后发觉自己根本不能适应这个腐败的官场，要么被人排挤下狱掉脑袋，要么离职回家当地主。

风雨如磐，凄风苦雨，列强入侵，巧取豪夺，残酷剥削，百业衰退，哀我世人，忧患实多——正是在这种列强入侵而国家日渐衰败的情况下，邹容出生了，带着他的使命与责任，诞生在这个痛苦的世界。

特立独行

邹容，小名桂文，又叫威丹、蔚丹、绍陶，于1885年，中法战争中国"不败而败"的那一年生于四川重庆城。

和历史上无数生于这座山城的人不同，邹容的时代显然没有给他充足的成长时间，列强的侵略步伐日渐加快，中国政府微不足道的抵抗越发孱弱，法兰西、英吉利、德意志、美利坚，一个个带着奇怪洋名的国家将他们贪婪的触角伸到中国的西南腹地，攫取着他们所能获得的一切利益，带给本地的人民无尽的苦难与痛苦。

侵略与反侵略，压迫与反压迫，掠夺与反掠夺，起义与镇压，革新与守旧，现代与传统，种种五千年文明史中未曾出现的名词与概念被时代大潮裹挟着浩浩而来，冲刷着这座坐落在长江上游的小城。这一切给了邹容一个截然不同的成长环境。

虽然四川自古就有"天险"之称，也有"天下未乱而蜀先乱，天下已定而蜀未定"的说法，雄踞中国西南而较少与外界接触，不算是帝国主义入侵的重灾区，但是已经遭到了帝国主义入侵的"先锋"传教士的侵袭。

1876年，中国与英国又签订了一个丧权辱国的《烟台条约》，规定英国可以派遣专员驻扎重庆，还规定英国可以派遣使者从北京动身，一路游历甘肃、青海一带，或者从四川进入西藏，直达他们的殖民地印度。可以说，这些侵略者的"急先锋"已经将自己的脚印印在了中国大地上，将四川列入他们的侵略目标。

1894年，日本发动了侵略中国的甲午中日战争，清军大败，朝鲜沦陷。而被北洋领袖李鸿章吹嘘为"御外侮亦无不足"的北洋海军全军覆没，成了日本海军的战利品。最后，李鸿章签订了给中国造成惨重损失的《马关条约》，不仅割让了台湾岛，赔款两亿两白银（后来又加了三千万"赎辽费"），还开放了重庆等地作为通商口岸。自此，西南重镇重庆成了列强侵略中国的重要据点，他们派遣使者在这里开辟租界、派驻领事、驻扎军舰、开设洋行、设置工厂、盗采矿产、勘测铁路、测量航道，为日后日本侵华做好了一切准备。而与此同时，外国商品在低关税的保护下沿着长江一路向上，在四川天府之国倾销商品，掠夺中国的财富。此时已经十岁的邹容已经懂事，开始明白了国恨家仇的概念意义，更是对于外国列强的侵略有了深刻的认识，《马关条约》对中国造成的严重伤害在他的论著中有着极为强烈的反映。

邹容的父亲邹子璠小时候在商店里当学徒，学到了一点经商的知识，等到成年之后在重庆县庙街开了一个名为"利川升"的杂货铺子，将四川的白蜡、食盐（岩盐和井盐，不是海盐）、蚕茧等特产运到宜昌、汉口、上海等地贩卖，然后再把江浙地区的棉布、棉纱、杂货运回四川销售，不时还会去到陕西一带经商。如此一来，在经营有方的邹子璠的努力下，等到邹容出生，他们家已经"以贩鬻致富"而富甲一方。

虽然现在没有任何材料可以告诉我们邹容的出生月日，但是却不妨碍我们从邹容"桂文"的名字中推测他出生于丹桂飘香、金风送爽的秋季。虽然秋高气爽的秋日是一个美丽而丰饶的季节，但是民族危难的凄风苦雨却让小邹容没有任何闲暇去体味秋日的惬意，少年早熟的他被时代大潮裹挟着，朝着救亡图存的道路一往无前。

邹容可谓是少年神童，智慧聪颖，博闻强记，他六岁开始"开蒙"，进入私塾读书，没花几年工夫就读完了封建考试要求的"四书"、"五经"，而且阅读广泛，通读了司马迁的《史记》、班固的《汉书》等历史著作。

然而，虽然邹容同学聪明伶俐、智慧过人，却从小表现出了不同于普通孩子的"叛逆"，这种叛逆并非言语行为上的叛逆，而是思想上的"大不敬"与"离经叛道"。邹容喜欢阅读名人传记，少年志士夏完淳的事迹给了他极其深重的影响，邹容崇敬乃至崇拜夏完淳，经常背诵夏完淳的《大哀赋》《由丹阳入京》等爱国诗文。自此以后，邹容时常以郑成功、张煌言等抗清志士的继承人自居，民族主义，或者说

"大汉族主义"成了他的主要思想特征，影响了他之后十几年的人生轨迹。

除了受到这些清朝的"异端思想"的影响之外，与其他农家出身的革命志士不同的是，邹容还早早接触到了资产阶级的维新思想。

洋货的持续倾销和外国资本进入中国市场，这在一方面破坏了四川地区自给自足的小农经济，迫使大批农民和手工业者沦入破产的境地，生活越发贫困；在另一方面，这也造就了商品市场与劳动力市场，让民族资本主义经济的产生与茁壮成长成为了可能。自十九世纪末年开始，四川民族资本主义经济在重庆发生，并且随着时间的推移有了初步的发展与繁荣。

火柴业是重庆资本主义经济的肇端，1891年，森昌正火柴厂创立，1894年森昌泰火柴厂创立，它们成为了民族资本主义的先驱。两家火柴厂都由商办，资本白银八万两。1900年又有了立德燧火柴厂的创立。

虽然重庆地区的民族资本主义经济的发展较之沿海各省还是在时间上略晚，规模上略小，但是它作为一种全新的经济形态，标志着重庆地区的资产阶级和民族资本家正式走上历史舞台。这些人从自身的利益出发，不仅对于外国资本的威胁和侵略表示出极大的反感，更是体现出对于政治改革的迫切要求——而这些，就是十九世纪末年维新变法的社会思潮兴起的社会基础和经济基础。

恰在此时，已经在中国社会酝酿良久的维新变法思潮到了瓜熟蒂落的时节，维新之风从北京、上海、湖南等地吹到西南边陲的巴山蜀水，吹到了都江堰下的锦绣天府，吹到了靠山临江的重庆山城。正是在这个时候，邹容得以接触到严复翻译的《天演论》、梁启超等人主编的《时务报》等一系列宣传维新思想的期刊。

1897年，改良主义思想家宋育仁于重庆创办了《渝报》，是为四川维新运动的开端。四川的维新人士们以《渝报》为阵地，同全国的维新运动相呼应、相声援，不仅极大地助长了全国的维新运动的声势，更向普通民众灌输了资产阶级改良思想。《渝报》以宣传国内外经济形势，宣传维新变法思想为己任，颇有"家国天下"的远大抱负。与此同时，《渝报》社还发行了《时务报》等先进书报，而宋育仁的《时务论》也成为了《渝报》的主题思想。

《时务论》旨在批判清朝洋务派官僚的崇洋媚外与舍本逐末，批评封建顽固守成派官员的"祖宗家法不可变"的陈腐思想，力主学习西方资本主义国家的政治经济体制，实行变法维新政策。

第二年，一向人文荟萃而钟灵毓秀的成都成立了"蜀学会"，创办了《蜀学报》，大力宣扬维新变法思想，一时间，维新之风吹遍四川，为"尔来四万八千岁，不与秦塞通人烟"的闭塞四川吹进了改革新风，对那一代四川青年造成了很大的影响。

此时的邹容已然是十二三岁的少年，有了自己虽然不成熟却也初步确立的世界观，在维新变法的大潮的影响下，他逐渐对于自己小时候一直学习的四书五经等"儒家正统"、"王霸之道"有了不同看法，开始逐步地学习西方资本主义文化，反感陈腐的"君君臣臣父父子子"的"纲理伦常"与"三纲五常"。

正如我们在前所言，邹容的父亲虽然是一名富有的民族资产阶级商人，有着富甲一方的经济实力，然而在半殖民地、半封建社会的社会背景以及中国两千年来一以贯之的"重农抑商"社会政策之下，商人并没有多高的社会地位，甚至还被视为操持"末业"的下等人，遭到所谓"社会贤达"的轻视与歧视。在这种家庭背景长大的邹容，天然地对资产阶级思想有着同情与认可，这也是他日后走上革命之路的一个原因。

在这种思想熏陶下长大的邹容，对于"功名富贵"有着一种天然的鄙夷与敌意，正如一首流传甚广的《神童诗》中描写的那样，"少小须勤学，文章可立身；满朝朱紫贵，尽是读书人。"大意是讲少小年纪更要勤学，会写文章足以安身立命，君不见满朝穿着朱紫官服的大人物，统统都是读书人。

而邹容在读到这首诗之后，冷冷一笑，他有感于当时贪官污吏横行，多少人勤学苦读只是为了考个功名当官害民，将这首《神童诗》改成这个样子："少小休勤学，文章误了身。贪官与污吏，尽是读书人。"

然而，不管邹容再鄙视功名科举，他的父亲还是希望子弟中能够有几个为官做宰的人的。而在中国古代，商人家庭往往都会在第一代富裕之后开始追求政治权力，他们会要求第二代子弟开始读书科举。假如子弟足够争气，能够成为举人乃至进士，这个家庭就会成功地从商人家庭转变为官宦世家，进而成为地方豪门。在这种社会大环境之下，邹子璠也不例外，既然孩子聪明向学，他很愿意支持孩子，让邹容在科举的道路上取得一番成绩，光耀门楣，扬眉吐气。

在邹容十二岁那年（1896年），他跟着哥哥一起参加了巴县的童子试。所谓童子试，即童生考试，在明、清称郡试，包括县试、府试和院试三个阶段的考试。只有一路过关斩将通过了三场考试，才能够获得"秀才"的功名，成为见官不跪的"文化人"或者说"士人"，所以，这次考试意义颇为重大。

换了一般人，在面临这种可以改变自己的命运乃至于影响自己的一生的考试时，不说是诚惶诚恐，也会多加小心、谨慎戒惧，不说对于考官言听计从、俯首帖耳，也会小心伺候，生怕有所得罪。

然而，邹容却是古往今来少有的敢于大闹考场的"例外"。

科举考试的题目往往都是从四书五经里面截取出来的一句话或者几句话，然后让考生根据"圣人之意"进行诠释，写出一篇八股作文来，难度不算小。而更为困难的是，圣人已经逝去了两千多年，谁又能揣摩他老人家在两千年前的心思呢，所以这种考试的主考官才能决定谁的文章才是"符合圣人心思"，也可谓是一种讽刺。

因为是从上古文献或者古代文献中摘取出来的句子，有时候题目难免晦涩难懂乃至于根本看不出任何意义，这就给来考试的学生们造成很大的困扰。一位不明题意的考生站了起来，向着主考官发问："请问这个题目是什么意思？"

正如我们在考试的时候是不能提问除了印刷问题之外的问题一样，这位勇于提问的考生遭到了理所当然的拒绝——主考官根本没有回答的意思，只是蛮横地要求考生坐下继续答题，倘若继续提问就要加以处罚！

早就对四书五经这些东西深恶痛绝的邹容没有忍住自己的情绪，或者我们可以理解为这是出于他天生的侠肝义胆——邹容站了起来，大声质问主考官："你们出的这些文不成义的东西算是题目吗！读书不求甚解，考试时肆意捏造意思，这不成了六经的奴婢了吗？"

好个邹容，好个英雄少年！

从来没有遭到质问，也从来没想到自己有可能遭到质问的主考官大惊失色，他看着这位一怒而起的英俊少年，发出因为尊严受损而爆发的愤怒："混账，谁允许你咆哮考场的？"

在场的所有考生都惊讶地看着这个少年，有的已经白发苍苍带着困惑的神情看着邹容，心中既有不解也有窃喜，但是更多的是一种茫然的恐惧；跟他差不多大的士子带着崇拜与迷惑，打量着这个奇怪的同龄人，心里有一种说不出的味道。

"国家沦亡如此，世界大势风起云涌，尔等不思救国奋进，反而在这里皓首穷经，真是让我羞耻！"邹容冷笑了两声，用义正词严而铿锵有力的话语说出他在中国的考场上的最后一句话："这衰世秀才，不做也罢！"

言罢，这个神采俊朗的少年大步走出考场，绝然不顾。

少年邹容的特立独行与奇谈怪论很快成为了邻里亲戚们谈论的话题，也成为一些愚人教育孩子的"反面教材"："不要学邹家的小子，竟然咆哮考场，和主考官争执，肯定没有好下场！"

邹容的父亲也多次和邹容深入地探讨了关于科举的问题，却始终不能说服这个"固执己见"的孩子。每当邹子璠认真地向他建议参加科举或者用威严的语气呵斥邹容的时候，邹容都会一昂首，一挺胸，用坦然而不屑的语气大声回答："臭八股儿不愿学，满场儿不愿入，衰世科名，得之又有何用！"

是啊，当国家沦亡，民族遭逢苦难的时节，这一点点科举名声，一顶顶花翎冠带，一箱箱金玉珠宝又有什么意义与价值呢？倘若国家灭亡了，想要当官就只能给外国人当奴才，又有什么意义呢；倘若民族毁灭了，身居高位也不过是一个高级走狗，又有什么价值呢；倘若故土毁灭，就算是家财万贯灵魂又向何处安息呢？

是以，少年邹容不在乎这科场功名，他要追求更加重要的东西。

衰世英才

彻底与科场功名决裂的邹容决心学习一些"经世致用"的实际学问，不愿意再做那些只会写几篇酸文的"冬烘先生"，这个十几岁的少年趁着维新思想席卷川蜀的机会，随同一些有志青年跟随来到重庆的日本人学习日语和英语，努力学习"西学"。邹容在课外如饥似渴地阅读书报、文献，渐渐对于世界大势有了自己的理解，写起文章来汪洋恣肆、议论特起、新意迭出、词风甚锐，可以说是有了初步的成就。而在和别人议论时事时，邹容特别瞧不起那些皓首穷经的酸腐书生，不论其身份如何，皆当面大声斥责，可谓尽显"狂生"本色。

1898年9月，戊戌政变爆发，持续了不过一百零三天的戊戌变法被斩杀"戊戌六君子"的刽子手的鬼头大刀砍断，维新人士们除了慷慨就义者之外，大都仓皇离去，流亡海外。

消息传来之后，邹容激愤异常，不仅在谈论时对清政府大加斥责，还将"朝廷钦犯"谭嗣同的遗像悬于座旁，在上面题了一首诗：

赫赫谭君故，湖湘志气衰。

惟冀后来者，继起志勿灰。

平心而论，这首诗并不算是上佳之作，遣词造句还有值得商榷之处，比之李太白、杜工部等诗中大家更是不值一提。然而，对于一个十四岁的少年来说已经算是难能可贵，更加让人瞩目的是，这首诗中旗帜鲜明地表现出对于新事物的追求和对陈腐旧事物的唾弃，而且此诗还呼吁"后来者"不要灰心，更加勉励自己坚持革新改良的道路，可谓是"时代的呼声"。

　　当时，邹容就读于重庆经学书院。经学，乃是中国古典学术的主题，在汉代独尊儒术之后特指对于儒学经典的研究，可以说，这里是陈腐思想与伦理纲常的"大本营"，里面充满了邹容所不能接受的"正统思想"。

　　那时候的经学书院院长称为"山长"，而经学书院的山长吕翼文是个从事训诂考据的学者，生性尊儒崇道，是个有名的"老古板"。邹容在这里可真是找到了战斗的乐趣，他蔑视一切清规戒律，与同学们经常辩论，言谈中常常"指天画地，非尧、舜，薄周、孔，无所避"。

　　尧、舜是谁？是传说中的五帝之二，中国原始社会的部落联盟首领，因为实行"禅让"制度而备受后世尊崇，可谓是儒家理论体系中"道盛德至善，尽善尽美"的理想人格。

　　至于周、孔就更不得了，前面两位还没有史料可考，而周公则是有史可考的西周的政治领袖、周武王的亲弟弟，因为辅佐周成王平治天下，镇压管、蔡暴动，制定《周礼》而名垂后世。至于孔子就是大家耳熟能详的了，儒家学说的创始人，千百年来封建统治者顶礼膜拜、儒家学者尊崇奉行的道德原型，可以说是所有读书人的"祖师爷"。

在传统的儒学理论体系中，尧舜乃是先君圣王，道德楷模，远古帝王，周孔是后世圣人，代天作则，"天之木铎"，依次传下是子思、孟子乃至于朱熹，儒家思想一脉相传，维持着最为神圣而不可破的封建道统。

这些神圣的偶像别说非议或者轻视了，就是怀有不敬的心思也是大罪，应该受到处罚，是以邹容的这种行为可谓是"惊世骇俗"，表现出初生牛犊不怕虎的锐气与意气。虽然我们现在没有史料来考证，邹容究竟是如何不加任何回避地非议和鄙夷这些先君圣王的，但是我们也可以想象，他那时的话语和批判是何等令人惊异。

如果你以为邹容仅仅只是嘴上说说，不敢实际行动，不敢直接与恶势力作斗争，那就未免太小看这个英才少年了。

1900年的重庆举行府试，当时的知府鄂芳的幕僚（参谋之类的职务）有个义子，虽然品行和学识都是下下之才，却在府试中名列前茅。金榜一发，物议纷纷，民众都在心里暗骂暗箱操作与内部关系。然而，因为知府权势太大，没有人敢去直言不讳，只能在心里暗暗不平。

一向爱打抱不平的邹容在知悉此事之后大感义愤，开始思考如何教训一下这个家伙。一日，邹容在五福宫的楼外楼见到幕僚和义子在一起喝酒，他便隔着窗子大骂不休，言辞甚锐，将幕僚和义子的老底都揭了出来。幕僚喝得醉眼蒙眬，虽然明知有人在大骂自己，却不知道到底是谁在骂自己。

几日后，邹容又到了义子的住处，声色俱厉地喝问："我就是那天在楼外楼骂你的，就是我姓邹的，你知道吗？快快说出你义父给你使了什么鬼花招？"理亏无奈的义子不知如何是好，只能悻悻避开，把事情告诉了义父，而义父又向知府控诉一番。所谓"官官相护"，何况是自己的手下，知府派衙役将邹容抓来，要当庭拷问。

所谓"破家知府，灭门县令"，对于一个没有功名的平头百姓，一个知府有着太强大的势力了，虽然邹容家资巨富，也未必能从中讨了好去。而且，邹容当时不过是一个十五六岁的小孩子，又怎能有多大的实力？

然而，面对知府故作威严的喝问，邹容从容不迫，整了整被衙役拉拽而变形的衣服，大声叫道："你们既然徇私舞弊，我何以骂不得？"

这下可捅了马蜂窝了，有些事本来就是做得说不得，结果这下子被邹容全捅了出去，影响很坏。恼羞成怒的知府喝令衙役打了邹容二十记手心（已经是看在他富翁老爹的面子上了），将他赶了出去。

愤愤离去的邹容感觉非常痛苦，他从此更加仇视封建统治，对于资产阶级民主革命的追求越发强烈。

自从八国联军侵华战争之后，义和团运动虽然告一段落，各地反抗清政府统治、争取自由民主的起义却不时发生，各地追求资产阶级民主革命的呼声越发高涨，这一切都让日薄西山而日渐衰颓的清政府难以招架。为了平息民间的不满情绪，维护自身的统治，延续清朝政府两百多年的"国祚"，以西太后为首的清朝统治者迫于国内大势，见风使舵，打算接过"维新变法"的大旗，重新进行"新政"。

1901年1月，清廷发出要"刷新政治"的诏书，声称"兴学育才，实为当今急务"，而在这种维新变法的大潮下，同年夏，四川总督奎俊效仿其他省份，宣布要在成都进行考试，选派二十二名青年到日本留学。这对于有志于学习西方先进知识、回国复兴家国天下的邹容来说可谓是天赐良机，他立刻向父亲提出要求，想前往成都进行考试。

父亲爱护孩子，无可无不可，虽说觉得孩子远渡重洋学习西学难免有些不好接受，却也认为已经彻底和科举决裂的邹容需要找一条出人头地的路，是以也就答应了。得到父亲允许的邹容大喜过望，立刻打点行装，准备前往成都赴考。

然而，天有不测风云，他却遭到了严重阻挠。他思想保守的舅父刘华廷认定这个年少倔强而思想异端的少年肯定会闹出乱子来，甚至酿成大祸，危及家族——假如我们从后来邹容凭借《革命军》天下扬名，使得清廷恨得咬牙切齿这一点来看，他的舅父的确有眼力，知道这个小子不能放出去学习新学。

在听了邹容舅父的话之后，邹子璠也陷入了矛盾——一方面是孩子的苦苦哀求和远大前程，一方面是族人亲戚的老成之言，委实让他难以决断。而邹容在听说舅父阻挠他前去赴考之后，又干出了一件"惊世骇俗"的事情：他拿着一把菜刀来到舅父家，大声叫喊，嚷嚷着要让舅父出来和他对峙，甚至还要闯进去与舅父大战三百回合。

此时，邹容的母亲也从中劝解，说服邹子璠同意邹容赴考。无可奈何之下，邹子璠只能同意邹容前往成都，而仍旧愤愤不平的邹容却在给父母的家书中痛骂了舅父一顿。这封家书写得文采飞扬而意气风发，不妨将它译为白话，以飨读者：

第二十三次次男桂文谨慎地跪着禀报（漂亮话而已，不是真跪着）：

父母亲大人万福金安，六月二十七日我第二十二次禀报，请您明鉴。

今天翌云没有到安徽去，这是因为江老师来了，江老师说"我多次收到你的信，前往日本留学是很好的一件事情，中国没有一所够格的新式学校。"华舅（刘华廷）并不懂这个事情，我拜读了您第九次给我写的信，心里也是恐怕华舅阻止，其中的良苦用心我也是深刻领会的。

（华舅）自以为自己是老成谋国的见解其实不过是冥顽不灵而顽固不化的理论，他所发的议论都是一些没有生机活力的话，没有半点可取之处。他说："中国的衰弱，乃是天道运行盛衰相应的道理，前后之事相互因袭，以前满人强盛、现在洋人强盛，这就是所谓报应。张、刘也都是伟人，尚且无可奈何，天下大事又哪里是你一个小孩子可以挽回的呢？士农工商不过是为了生计，我看你英文很好，一生就能吃穿不愁了，又何必有别的想法呢？你假如想要为国效力，就看看谭嗣同被砍了头的例子吧！而且你的行为会危害父母，你自己考虑其中的利弊吧！"

虽然他长篇大论，考虑起来也不是完全没有道理，但是可惜距离圣人之道太远了！春秋之时世道纷乱，孔子尚且困于陈蔡、奔走于风尘之中。假如世道的治乱和人是没有关系的，孔子也可以给自己谋取衣食，终老名山，又何必在道路上苦苦奔波呢！这就是知其不可而为之的道理，这也是圣人享受万古香火的原因啊！假如人人都怕死，那么就没有杀身成仁的意义了，像谭嗣同那样的人，可以算得上是杀身成仁了，要不然田横五百士岂不是都是愚人了！假如方孝孺害怕波及父母妻子，就会给明成祖草就诏书了（方孝孺效忠明惠帝朱允炆，拒绝为明成祖朱棣写诏书，被"诛十族"），就是因为方孝孺不在乎波及父母妻子，才成就了他的仁义啊！

要知道，仁义所在，勇往直前，即使粉身碎骨也在所不惜，这就是为人的义务啊。呜呼！文王、武王再也没出现，成王、康王（周朝的守成君主，有成康之治）却是那么的多，而所谓的孝子贤孙，在家里住一辈子直到死去，只要脚抵妻子、怀抱着儿子，守着祖宗田产不要失去，就可以说是近乎道了。而又有人在此，思想足以照耀古今，感受到"民胞物与"的概念，总结出绝学，传之后世，却有人将他鄙视为"大逆不道"的学问。旁观者固然嫉妒恼恨这种事情，父母也心甘情愿子女能作出这种事业，这就是中国灭亡的原因。

而现在您却能超脱这种圈子，我作为您的孩子也感激不已，我是多么幸运啊！对于（华舅）那样的老古板，就是想要让后生小子都当守成的成王康王，对我来说，这种人真是不杀不会绝尽，不绝尽不会快意，不快意不会停止。他的其他种种谬论也是不堪入耳，我只是出于尊敬长者的心而不置一词罢了。等到翌云到来，我要给华舅两百元，用正金银行汇过去。前日在重庆，他说要拜托东洋的朋友照顾我，现在看来也是子虚乌有，想来那时候他看我脾气很大也很无奈。

上次他逼着我向他报告，还谈及学费，这就是要阻止刁难我东渡求学。有个这样的亲戚还不如没有更好，我心里非常愤怒！

谨以此代替晨昏定省，七月一日恭敬地禀报

少年邹容

7月1日（阴历五月十六日），邹容终于能够动身出发，他步行千里来到成都，得到了贵人推荐，得以参加官费留日学生考试。因为邹容长时间地学习日语、英语，广泛地阅读书报，是以他的笔试成绩很好，被监督考试的李立元引荐给总督奎俊。奎俊对邹容"勉励数语"，对他说了一些漂亮话，要邹容"归渝治行装"，回去收拾行李，准备出国留学。

然而，命运似乎不大想让邹容太过开心，就在邹容于8月20日返回重庆家中，准备等候名单发布的时候，厄运继续缠绕在他的身上——留日学生名单发布，却没有他的名字。

事情的原因并不复杂，虽然在意料之外却在情理之中：邹容平日里思想激进、态度蛮横，难免得罪了一些思想守旧而没有什么本事的人。这些人就向官厅进了不少谗言，其中有一个还是后来颇有些名气的立宪派分子周善培。与此同时，总督奎俊选拔留学生的目的在于选择能够挽救清朝统治，实行"新政"的聪明奴才，是以奎俊将"聪明端谨"（既聪明又老实），列为首要条件。在听说邹容的愤世嫉俗和激进思想之后，他给邹容加了个"聪明而不端谨"的名头，去掉了邹容的名额。就这样，在这些小人和总督的操作之下，邹容就被取消了资格。

虽然遭到一次又一次打击，年轻的邹容却丝毫不气馁。虽然小人们剥夺了他前往日本留学的名额，却不能阻挠他前往日本的决心。在向父亲汇报之后，他同父亲多次争取，几次闹得差点决裂，终于得到了父亲的允许，得以前往日本进行学习。

邹容于当年十月开始了他前往日本的征途，他从重庆乘船顺江而下，一路穿三峡、走襄阳，大江东去、滔滔汩汩，一路饱览沿途风景，观察世事人生，既体会到中国下层人民生活的困苦和对于变革的渴望，也深深明白这是一条任重路远而布满荆棘的道路，需要奉献出自己的一生来完成。

邹容前往日本的第一站是上海，为了减少在日本的语言障碍，他经亲戚介绍进入了江南制造局附设的外国语学校广方言馆学习日语。

当时的上海是一座人口上百万、经济发达、市面繁荣、海陆汇集的大都市，而自从《南京条约》签订以来，上海租界如同雨后春笋般快速发育，成了上海城市的一景。正是在这里，邹容看到了气势逼人而趾高气扬的外国巡捕，看到了光怪陆离而五光十色的都市夜景，看到了千帆竞发、百舸争流的宏阔景象，这一切都让自小生活在重庆山城的邹容大开眼界。他一方面深深赞叹人类文明创造的伟大结晶，能够塑造出这么瑰美华丽的奇景，一方面痛恨外国侵略者的横行无忌，为中国的前途而日夜忧叹。

广方言馆是李鸿章为了洋务事业培养翻译和买办（类似中介）人才的地方，不是正规的学校。而很多人来到这里学习外语也只是为了简简单单的发财升官的目的，浑然没有注意到中国日益衰落的国力，没有半点对于国家命运的忧思担心。

洋房建筑华丽宏伟，里面都是金发碧眼而盛气凌人的洋人，他们欺压国人而不会受到惩罚，横行中国而肆无忌惮；银行洋行人流如织，往来工作的大都是中国买办或者中国翻译，他们攀上了洋人的势力为虎作伥，对着中国人狐假虎威，好事没干，坏事做尽；灰暗衰败的中式建筑里面都是些衰朽腐败的官员，他们终日里想的无非就是吃喝嫖赌刮地皮，浑然没有半点对国家前途命运的思考——这一切都深深刺痛了邹容的心。

义愤填膺的邹容挥笔写下一首别人所作的《书怀》，聊表

自己的心意:

落落何人报大仇,沉沉往事泪长流。

凄凉读尽支那史,几个男儿非马牛!

第二章 革命狂生

棱角峥嵘

邹容没有在上海待太长时间，在学习了一段时间的日语之后，他于1902年6月继续踏上征途，坐轮船来到日本东京，进入同文书院学习。同文书院是东亚同文会在1902年1月，专门为中国留学生开办的学校，主要教授日语和初级科学知识，算是进入大学的预科班。

在十九世纪晚期，一海相隔的日本就已经成为了中国留学生的主要留学地和中国政治犯的避难地。而正是因此，这里成了革命思想的主要发源地，有着得天独厚的思想和学术优势。1900年，中国留学生成立了一个名为"励志会"的学生组织，主要人物有吴禄贞、沈云翔等人，他们思想激进，抨击时政，主张积极改革中国政治，有些人还旗帜鲜明地提出了"排除满人"的口号。

同年，励志会会员杨廷栋创办了《译书汇编》，专门登载欧美政法学名著，诸如卢梭的《民约论》、孟德斯鸠的《万法精理》、穆勒的《自由原理》等书，这些书翻译精致、思想宏阔，在留学生和国内学生之中大受欢迎，影响很广。1901年5月，秦力山等人还在东京发行了《国民报》月刊，率先提出了推翻清王朝的口号，还宣扬天赋人权、平等自由，得到了很多人的支持。

　　不仅如此，秦力山等人还组织了国民会，以革命为主要宗旨，抱着"革除奴隶之积性，振起国民之精神，使中国四万万人同享天赋之权利"的主张，积极进行革命宣传和思想解放运动。1902年，越发活跃的留学生们越战越勇。4月，章太炎在孙中山的赞助与支持下，联合秦力山、马君武等爱国志士召开发起了"支那亡国二百四十二年纪念会"（指的是最后一个汉人王朝明朝的灭亡），虽然此次纪念大会被日本警察阻止而没能在东京召开，但是孙中山召集章太炎等人到横滨补办了纪念会，大大扩展了孙中山和兴中会在革命志士群体中的影响。

　　同年冬，不甘于只举办这些活动的留学生们还组织了"青年会"，青年会"以民族主义为宗旨，以破坏主义为目的"，锋芒直指清政府，可谓是锋芒毕露，大大增加留学生们的革命热情。1903年，留学生宣传革命的刊物诸如《游学译编》《湖北学生界》《浙江潮》《直说》如同雨后春笋一般不断涌现，用自己的话语鞭笞清政府的腐朽统治，宣传日趋严重的民族危机，介绍西方资本主义学说，探索救亡图存的道路方法。

如火如荼的革命运动和你方唱罢我登场的救亡刊物给邹容打开了一片新的天空，让他有了如鱼得水的感觉。早在重庆老家时，邹容就受到民族危机的深深刺激和清政府的黑暗迫害，心中早早埋下了救亡图存的种子，等到了日本这块海外救亡革命的新天地，可谓是找到了施展拳脚的机会，他如饥似渴地学习西方资产阶级革命理论，思考拯救当代中国的道理和途径。

正如鲁迅先生所回忆，"凡留学生一到日本，急于寻求的大抵是新知识。除学习日文，准备进专门学校之外，就是赴会馆，跑书店，往集会，听演讲。"而邹容也在《革命军》的"绪论"中谈到，"我非常庆幸我的同胞能够得到并翻译卢梭的《民约论》，孟德斯鸠的《万法精理》，穆勒·约翰的《自由原理》《法国革命史》《美国独立檄文》等书。"由此可见，大凡后来有所成就的留学生在日本所做的事情别无二致。

来到日本八个月之后，邹容渐渐地适应了在日本的生活，拜读了许多先进书籍，对于中国革命问题有了自己的思考，渐渐地从一名尚且懵懂的留学生成长为一名中国资产阶级革命派的勇将，冲进了民主革命的战场。

1903年1月29日（正月初一），东京骏河台的留学生会馆举行了有一千多人参加的旧历新年团拜大会，许多留学生慷慨陈词，发表意见。深受孙中山影响的马君武在会上侃侃而谈，当着清朝驻日公使蔡钧和留学生监督汪大燮的面历数清王朝的罪恶行径，批判封建落后的清朝统治，主张"非排除满族专制，恢复汉人主权，不足以救中国"。

在那时候，虽然留学生们敢于在私底下发表不同言论，在官员面前还是有所收敛的，至少不会当面痛斥清政府残暴统治，而这些人却敢于站出来直言不讳，既让同学们感到大快人心，也让他们为这两人捏了一把冷汗。

正在同学们为这两个人担心不已的时候，邹容却被两人的演讲打动，一步冲到台上，大声发言，言辞铿锵、抑扬顿挫，公开号召反清革命，博得了台下学生的一致掌声，而这就是章太炎在《狱中答新闻报》中所言邹容"元旦演说，大倡排满主义"的故事。

以爱国救亡为宗旨的《选报》在事后发表了《满洲留学生风潮》一文，文中说："最后则汪大燮续演，略谓诸君皆在学年，正宣肆力学界，语曰'思不出其位'，吾敢以为诸君劝之。"可见蔡钧、汪大燮等人眼见民意如此，法不责众，也不敢出来镇压，只能好言劝导一番。

这次演说可谓是邹容第一次在革命群体中亮相，而他也从此树立了自己坚定的革命者形象，成为了留学生中的风云人物。从此之后，每次留学生开会，邹容每会必到，必然争先演说革命，号召排满兴汉，言辞犀利悲壮，感情真挚深沉，无人能比。

也正是在这种思想交锋最为激烈，政治问题立场分明的情况下，邹容深刻了解了各种救国方式的优劣不足，对自己选择怎样的革命道路有了深刻的理解。从此之后，邹容再也不是谭嗣同等一批改良派的支持者，他转而举起了排满共和的大旗，成为了资产阶级革命民主派的马前锐卒。

在日本，邹容凭借青年人的敏锐思维和积极进取的蓬勃朝气不断进步，接受了西方资产阶级革命时期的各种先进思想和以孙中山为首的一批革命者的民族民主思想，这也成了他的《革命军》的理论基础。正是在这一段时间里，他开始了皇皇巨著《革命军》的写作，并且大致完成了书稿，这是邹容在他短短的留日岁月中取得的最大成就。

假如有人认为邹容和很多只知道鼓噪唇舌，却不敢实际革命的"革命宣传家"一样，那可就是大错特错了。要知道，在邹容留日的短短岁月里，他干出了不少大快人心的事情。

清政府南洋学生监督姚文甫，生性卑鄙狠毒而贪婪成性，他的主要任务和精力就是同爱国学生作对，压制学生们的爱国行动，马君武不能进入成城学校学习，刘成禺未能进入联队实习，都是这个人在背后阴谋破坏。

爱国学生们对这个卑鄙小人早已恨之入骨，只是一直没有一个挑头的人，所以未能教训一下他。不久之后，又传来这位姚文甫和一个姓钱的官员的小妾私通的消息，大家义愤填膺，纷纷表示要给姚文甫以制裁。邹容在得知了消息后，又发扬了他刚正不阿而嫉恶如仇的本性，准备带人给姚文甫一个惩罚。

1903年3月31日夜，邹容带着几个同学冲入姚文甫的寓所，借口姚文甫奸情败露，"排闼而入"，推开门就闯了进去，当着姚文甫的面细数他的罪行，将姚文甫问得哑口无言。等到邹容问够了问题，众人决定"纵饶尔头，不饶尔辫"，拿出剪刀剪掉了象征封建统治的辫子，还打了姚文甫一顿耳光，限令他第二天凌晨五点之前滚出东京。

不仅如此，邹容等人还把姚文甫的辫子悬挂在中国留日学生会馆，题名"南洋学生监督留学生公敌姚某某辫"，可谓是大快人心，而后来章太炎赠给邹容的诗中有"快剪刀除辫"一句，指的就是这件事情。

这件事情轰动了留学生界，进步学生无不拍手称快，而反动势力则惊恐万状，不能安睡。清朝驻日公使蔡钧不仅感到"物伤其类"自己有"兔死狐悲"的感觉，更是认定这是"犯上作乱"的开始，这个头一开，自己迟早会没有容身之地。是以，他照会日本外务省，要求向同文书院索拿邹容，还煽动说"最近留学生的品行败坏，都是邹容这个犯上作乱的头子干的"，想要借此制造舆论，制裁邹容，以达到他们压制留学生爱国运动的目的。

邹容虽然毫不畏惧，不怕捉拿，但周围朋友们却苦苦相劝，要求他远离东京，他这才离开东京来到大阪。在大阪，有个朋友在博览会会场遇见邹容，劝告他说不要逗留以免受辱，邹容这才返回上海。

自从开始接触新学以来，邹容在读书中坚持斗争，在斗争时不忘学习，不仅将欧美政法专著通读，更是对于国家大事、世界形势有了自己的领悟与思考。尽管历经千辛万苦才来到日本学习，学习了没多久又被迫返回上海，但是他的经历与知识却从中得到了极大的增长，见识与人脉有了很大的扩展，是以，邹容没有半点丧气与灰心。

就在邹容要离开东京之际，一名留学生知道邹容精通金石文字，善于刻印图章，拿出一颗石章要求刻上"壮游日本"四个字，以表自己也曾留学日本，喝过"洋墨水"。邹容一听此言，却勃然变色，将图章丢还，大声说道："你仅仅是来日本游览了一圈，就敢自称'壮'，那么那些环游世界的人又该怎么称呼自己？"由此可见，邹容并没有把留学当成镀金或者说资历，而是以学到的知识与增长的才干自豪。就在邹容《革命军》的自序中，他也概括地描述了自己的经历"居于蜀地十有六年，以辛丑出扬子江，旅上海，壬寅游海外，留经年"——我在蜀地居住了十六年，辛丑（1901年）年出扬子江，旅居上海，壬寅（1902年）年到日本留学，迁延了几年。几句短短的话却涵盖了邹容身在日本的所有感触，成为了初出茅庐而锋芒毕露的邹容面对旧世界的最大反应。虽然从革命道路和他的年纪来看，他在日本的"留经年"仅仅只是短短的一幕，而他将要面临的革命大潮与世界大势，将是另一番壮阔天地！

爱国学社

在当时的中国社会，想要推翻清王朝，就要推翻拥护清政府的保皇党，这是一个回避不开也不能妥协的对决。任何抱着模棱两可而左右顾全想法的人都不可能真正地成为一名坚定的革命战士，注定会被抛弃在历史的长河中，成为沉淀于河底的污秽泥沙。而正是因此，很多人就是因为对奉行改良主义的保皇党的痛击，从而走上革命之路，成为光荣而伟大的革命党人。邹容回到上海后，正是在反对腐朽卖国的清王朝的斗争中获得了升华，进而在思想阵线上对保皇党发动致命一击，从此成为最坚定的革命志士。

虽然仅仅在日本待了一年，但是眼前的上海已经天翻地覆，不复临走时的落寞孤寂了。

蔡元培、蒋智由等人于1902年春在上海组成了"中国教育会"，这些人议定编辑教科书、发行报刊、实行办学计划，打算从教育文化的角度入手传播革新思想。同年11月，上海南洋公学（后来的交通大学）因为政府压制言论思想，爆发了学潮，两百多名学生因此被迫退学。中国教育会把这些学生青眼相看，接纳他们入学，还成立了爱国学社。

爱国学社与一般的学堂不同，它把学生划分为若干联队，每个联队大概三十人，推举联队长一名，组织学生联合会，进行革命宣传活动。除此之外，学社还发扬了民主的风格，学社大小事务由学生联合会决定，蔡元培、章太炎等人只负责引导和上课，不决定具体事务，因此学社风气开放、活泼向上。

蔡元培

蔡元培行草信札

不久，南京陆师学堂的一批退学学生章士钊等人来到上海，慕名加入爱国学社，更有一大批有志青年加入其中。他们议论时事、针砭时弊、意气风发、济济一堂，可谓是少年英杰。不仅如此，这些人还经常在张园开会议事，畅言革命，从无顾忌，俨然是一个新兴的革命团体。

这些学生开会的张园位于现在的上海市南京西路以南、泰兴路南端，名叫味莼园，是当时上海的一座新型园林，由一位张姓人士购置，是以名曰"张园"。张园占地六十多亩，内有"海天胜处"，设置餐厅、茶座、戏班、书场等设施，专供游人娱乐。此外，还有可以容纳数百人的"安垲第"大厅，专供社会各界集会、议事、演说，是当时举行爱国革命活动的著名场所。

爱国学社还有《童子世界》的刊物，每天一张，附有插画，后来扩充了篇幅改为旬刊，内有社说、时局、政治等栏目，还介绍历史、自然科学、社会知识，语言明白晓畅、文字浅显易读，很受当时的青年欢迎，这本杂志再后来与《苏报》遥相呼应，在社会上产生了很大的影响。

这里还要说一下《苏报》，这份报纸创刊于1896年，主持人是胡铁梅，由他的日本籍妻子生悦驹出面，向日本驻上海总领事馆注册，因此是一份有日本政府背景的日报。1898年，《苏报》因为亏损太过严重而售给陈范。陈范是一名举人，曾经在地方为官，后来被上司弹劾罢免，寓居上海，逐渐受到革命思想的影响，成了革命的同情者和支持者。在南洋公学和南京陆师学堂的学生发动学潮的时候，《苏报》还专门开辟了《学界风潮》一栏，支持学生们的进步活动，发扬民主思想，成了爱国学社的坚定支持者。是以，爱国学社的学生相约轮流为《苏报》撰写政论文章，报馆则每个月为学社提供经费支持。1903年5月，报纸上刊登的文章火药味越来渐浓，这不仅和当时张园越发激昂的演讲、集会相互呼应，更是与时代大背景有关——俄国开始侵占中国东三省。

假如我们提出一个问题：谁是清朝末年（在抗日战争之前）侵害中国权益最多的国家？可能很多人都不会得出正确的答案。

不是英吉利，即使它强迫中国签订了数以十计的不平等条约，还占据了中国的香港九龙，甚至向中国倾销包括鸦片在内的各种商品；不是法兰西，尽管它伙同英吉利火烧了"万园之园"的圆明园，还在中法战争中炮轰马尾造船厂，歼灭了中国南洋舰队，还在中国掠夺原材料，获取资本与各种资源；不是日本，即使它在甲午中日战争中彻底毁灭了北洋舰队，逼迫中国签订了丧权辱国的《马关条约》，还占据了台湾岛。

假如上面这些列强都不算的话，这个贪心的国家是谁？

答案或许出人意料——是俄国。

早在十九世纪，沙俄就强迫清政府签订了一系列的不平等条约，掠夺了中国东北、西北将近一百五十万平方公里的广袤领土。1900年，沙俄伙同其他列强国家组成八国联军入侵中国，同年七月，沙皇尼古拉二世自封总司令，出动十七万侵略军武力强占我东三省。沙俄侵略军在东三省坏事做绝，不仅如同驱赶牛羊一般将中国百姓赶入黑龙江淹死，屠杀手无寸铁的老弱妇孺，还到处烧杀抢掠，所过之处寸草不生，堪比日本侵略军的"三光政策"。

同年十月，沙俄侵略东北占领军司令官阿拉克塞耶夫软禁了清朝盛京将军增祺，强迫他在没有汇报朝廷的情况下签订了丧权辱国的《暂且章程》。在清政府的强烈抗议下，沙俄在表面上敷衍了事，声称要将奉天省交还清政府，实际上却大举增兵，意图将东三省变成自己的殖民地。然而，虽然欧美列强在联合起来入侵中国时表现得如狐朋狗友、合作无间，一旦到了坐地分赃的时候就表现出他们的内部不和来了。《辛丑条约》签订后，各国侵略军拿到好处，退出华北，而英国、日本两国和一些其他列强不甘心沙俄独吞中国东北，从中干预，要求沙俄退出中国东三省。同时，东北人民纷纷揭竿而起，组织义军抵抗沙俄侵略，导致沙俄的侵略遭受多重压力，难以为继。

在这种情况下，清政府与沙俄签订了《满洲撤兵条约》，沙俄答应分三次从东三省撤军。第一期撤军如约实行，沙俄撤走在奉天省（今辽宁）辽河以西的军队。1903年4月第二次撤军期间，沙俄不但拒不撤兵，反而增加了驻守力量，提出了七项无理要求，妄想长期控制东北地区，实行所谓的"黄俄罗斯"的殖民计划。

天下兴亡，匹夫有责，沙俄的侵略行为引起了全国人民的强烈不满，大批公民走上街头进行抗议示威。1903年4月27日，在上海的十八省爱国人士于张园集会，抗议沙俄的入侵行为。上海人民发出电报，警告清朝政府："听说俄国人多次制定条款，逼迫我们签订。假如真的签订了条约，也会对内丧失主权，对外招来更多的挑衅，我国人民万万不可能接受。"还发电报给各国外交部，表示中国人民对于这种侵略要求"即使清政府接受，我们全体国民绝不接受"。

4月下旬，东京《朝日新闻》披露了沙俄占据东三省的新阴谋，留日留学生闻风而动、民怨沸腾，纷纷聚集起来商讨时事，商议对策，还在锦辉馆召开了"拒俄大会"。包括另一位后来的资产阶级宣传家陈天华在内的五百多人参加了这次会议，他们决心成立"拒俄义勇队"（后来改名"学生军"）到东北以死报国，用生命和鲜血与沙俄侵略者作殊死斗争。在会上，留学生们充满激愤地说："我们这些人虽然没有受过军事训练，却愿意被国家大义所驱使，发誓要以身殉国，作为火炮的引线，唤起国民铁血的气节。"一位姓胡的女留学生还说："我想着祖国就要遭到瓜分，同胞就要成为奴隶，我们还有什么颜面在这里留学，希望姐妹们仔细考虑一下。"仅仅是当天，就有超过两百人加入了义勇队，在象征死亡的"死簿"上签下了自己的大名，还有十多位女留学生报名愿意参加义勇队，做一些护士工作，更有一个十五六岁的瘦弱学生坚持要参加义勇队，浑然不顾自己身体瘦弱不能远行。当遭到别人劝阻时，他义愤填膺地说："假如我能因为为国效力，从军而死，就算是死也是极为光荣的！"

义勇队推举学习军事的蓝天蔚作为队长，在留学生会馆进行操练，还派出代表回国策动权势人物，决心将沙俄侵略者赶出中国，粉身碎骨在所不惜。与此同时，他们还发电报告知中国教育会和爱国学社，得到了两者的立刻响应。上海学生们也组织了义勇队，和留日学生义勇队遥相呼应，共赴国难。

此时，邹容已经从日本返回上海，在爱国学社寓居，继续他的爱国活动。当时，上海爱国学社特地在张园召开了会议，第一次会议讨论抗拒法国的事务，第二次会议讨论抗拒俄国，第三次会议则议论联合中国国民总会，设立义勇军对抗外侮。邹容当仁不让地参加了拒俄运动，还慷慨陈词地发表了自己的看法，力主"武力抗俄，寸土不让"，他论辩滔滔，气势夺人，可谓风采一时无两，于是"海内渐闻邹容之名矣"，海内人士渐渐知道邹容的名头了。

1903年出版的《苏报》

　　而1903年5月11日的《苏报》记载四川荣昌县人谢健写的《四川诸君公鉴》，就提及四川人的稀少："上海爱国学社特开议会于张园……各省分簿签名，鄙人签名之时，不禁陨涕。盖四川簿中除健以外，仅巴县邹君一人而已。"——上海爱国学社在张园召开会议商议时局，到场众人根据家乡在不同的名册簿上签字，我签名的时候不禁哭泣，因为四川的簿上除了我就只有邹君邹容一个人而已。

　　由此可见，和湖南上海等民风开放的地方相比，四川毕竟还是民风闭塞，新潮不盛，能够诞生邹容这样的人才也是一种幸运。而邹容也在这种积极救国的氛围中受到感染，他白天积极参加活动报国，晚上读书学习，感觉生活充实而有意义，再也不复有初到上海时那种"落落何人报大仇"的落寞感了。

之所以没有了当初的落寞感，也和当时的社会氛围有关系，随着欧美列强侵略加深，国民的危机感逐渐加重，社会上救亡风气大行其道。与此同时，爱国学社也是当时中国爱国救亡风气最浓厚的地方。正如《童子世界》第三十二期记载的：

四月二十八日（5月24日），中国教育会在张园的安垲第召开四月会，有大概百名会员到场，午后二时，鸣号开会……四时，事情讨论完了，举行演说。吴稚晖唱了新编的《上海码头》歌，邹容议论了改革中国现在的局势的办法。五时，鸣号收会。

从这里可以看出，邹容在上海又找到了自己的人生目标和奋斗方向。

也正是在爱国学社，邹容认识了他的"忘年交"章太炎。章太炎是有名的国学大师，比邹容大十八岁，曾经参与资产阶级改良主义的维新活动，1898年戊戌变法失败，这让很多对清廷还抱有信心的爱国人士彻底失望。唐才常在上海召开"国会"，发动"自立军"声称"勤王"，章太炎遂毅然剪发，表示与改良派彻底决裂。

这时候的章太炎已经是知名学者，在全国范围内都有影响力，他把自己于十九世纪末年写的一批讨论政治、学术的文章汇编到一起，就是后世鼎鼎大名的《訄书》。1902年，他对这本书作了修订，封面就是由邹容书写的。这本书强烈地抨击了清朝腐朽落后的专制统治，宣传了刚从西方传入的进化论思想和其他先进西学，对中国古代学术思想进行了系统的品评，还有议论土地状况的《定版籍》一文，其中对于封建时代土地占有关系的讨论非常出色，被后人认为讲清楚了封建社会土地占有的根本矛盾。章太炎主张"不稼者不得有尺寸之地"，不耕种的人没有权利获得土地，这颇有点"不劳者不得其食"的意味。这些思想虽然不能说是开天辟地，也是别有新意，给当时的思想界注入了一股清流，在中国思想史上分量颇重。

章太炎很器重刚强果敢的邹容，将邹容亲切地称作"小弟"，后来在狱中赠诗中还有"邹容吾小弟"的语句。而在回到上海之后，邹容积极参加学社的爱国活动，还和章太炎朝夕相处，学到了很多知识，对于革命大势的了解和对中国社会矛盾的认识更加深刻。

在当时如火如荼的拒俄运动、国民公会之中，有一个表现得相当突出的"积极分子"，那就是康有为的学生龙泽厚。此人一开始在各种爱国运动中如鱼得水，颇有些不达目的心不死、不报国家不肯休的意味。然而，随着时间的推移，这个人逐渐暴露出他保皇党人的本来面目。龙泽厚不断拉拢周围的爱国志士，联合他们要向清政府请愿立宪，表现出了一脸奴才相。有的人不愿意和这种小人为伍，声明要脱离国民公会。为了压制保皇党的嚣张气焰，邹容带领一些志士与龙泽厚为首的保皇党展开了正面交锋，国民议会从此解散，没有被保皇党人把持利用。

这个时候，保皇党人（拥护清政府的改良派，和邹容等革命党人势不两立）冯镜如、易季服等人为了将拒俄运动引入拥护清政府的歧路，发起了"四民公会"（又称国民议政会），把效忠清王朝作为第一要义，大肆宣扬"皇上者中国之皇上，归政（光绪）之请，责无旁贷"（皇上乃是中国的皇上，向朝廷递交把执政权归还给光绪皇帝的请求是我们责无旁贷的）。

冯镜如是一个来自广东的商人，早年做生意发家，加入了英国国籍，成了英国人的走狗。冯镜如在获得了经济地位后，试图增加自己的政治地位，因此四处散布保皇言论，还曾登坛演讲，到处妖言惑众，竟然迷惑了不少爱国学社的学生。

邹容早就听说过冯镜如的谬论，因此留心关注冯镜如演讲的时间，打算和冯镜如辩论一番。一次，冯镜如又登坛开讲，邹容没等冯镜如说几句话，立刻挺身而出，指着冯镜如的鼻子大骂："你已经加入了英国籍，算是英国人的走狗了，你发起的这个所谓'国民议政会'的国民，又是指的哪国国民？"这句话正中要害，直戳冯镜如最软弱的部位，是以冯镜如张口结舌，口不能言，只好狼狈退下，很多被迷惑的爱国学生争相退出这个议会。

驳《革命驳议》

1903年5、6月间，上海《新闻报》报道了一篇题为"革命驳议"的文章，不仅大唱保皇调子，宣称"只要上天眷顾中国，让光绪皇帝当政，对内休整政治，对外实行忍辱求和政策，中国的未来还有希望"，如果不让光绪皇帝归位，中国就会"内讧不已，外侮踵至"，内斗不休，外来侵略接踵而来，中国就会沦入不可收拾的境地，从此再也不能振奋。

这可谓是保皇党人的一贯看法，也表现出他们骨子里的软弱：希望上天垂怜，恳求"圣主"出世，寄希望于"外联邦交"。这些人竟然幻想帝国主义侵略者对中国抱有同情心，把中国的未来全部放在一些不可靠的东西身上，不是软弱又是什么！

这些人的想法正好和康有为当时发表的《与南北美诸侨只可立宪不可行革命书》遥遥呼应，一时间声势喧天、甚嚣尘上，吸引了不少眼球。那时候，章太炎已经写出了《驳康有为论革命书》，不仅逐条驳斥康有为的错误主张，更是提出了中国真正的出路——革命。看到《新闻报》刊登的这篇谬误百出的文章之后，章太炎又写出了《驳〈革命驳议〉》一文。

根据柳亚子（就是那位毛泽东老友）的一篇回忆文章

《我和言论界的因缘》一文，章太炎的这篇文章其实只写了一个开头，没有写完，剩下部分还是柳亚子和另一位志士完成的。而末尾一段，则是邹容增加的。考察末尾一段的激烈言辞和赳赳意气，和邹容的《革命军》颇为相似，几乎吻合，是以应当可信。

千人千面，一千个人眼中有一千个哈姆雷特。同样，就算是对于救国这种事情也一定会有许多不同看法，有着各种各样的救国之道。那么，究竟哪一种真正能拯救中国，真正能把中国带向繁荣富强的道路，这是一个很难决断的问题。

以我们在后世观前世的角度来看，改良派和保皇党是绝对不会成功的，因为当时的现实政治和国际形势都决定了他们的末路。然而，倘若我们不是这样的"马后炮"，而是立足在当时那个纷繁复杂而颇多干扰的时节来看，还能得出正确的结论来吗？

幸好，真正的革命者都是坚定的斗士，都是对自己的理想和主义有着强大信心的战士，是以他们在思想阵线上坚定地支持自己的理论和路线，为着国家的强盛复兴贡献着自己的一切——或是汗水，或是思想，或是鲜血，他们在所不惜。

再看这篇文章，文章采取了"竖靶子"的手法，先将要批驳的《革命驳议》的论点罗列于前，自己批驳于后，逐条反驳，各个击破，是以有排山倒海而说理透彻的效果。

文章开篇就指出《革命驳议》的是非不明之处：究竟是要小修小补，敷衍了事，还是彻底改革，兴复国家？倘若是前者，那么定然是没有出路和前景的，假如是后者，戊戌变法的失败殷鉴不远，而且就算变法成功，一个"旧瓶装新酒"的腐败清王朝就能抵抗资本主义先进工业国的攻击吗？

接着，作者亮出了最锋利的刀刃——革命就是要流血，就是要死人，就是要白刃相搏而没有余地，任何想着妥协、想着蒙混过关的想法都注定不可能实现革命，更不要谈国家复兴。一些人怀抱着侥幸心理或者另有企图，妄图通过温和的变革来实现社会转型，不也很天真吗？

随即，作者饱含激情地带领读者回顾了历史上熠熠煌煌的伟大革命以及他们的收获：意大利、匈牙利革命，是以他们国家强盛；英国有三次革命，成为最强工业国；就算是东邻日本也有了轰轰烈烈的倒幕运动，成就了一个新兴的列强国家。是以，"不革命毋宁死，不革命无出路"，这是作者不说而读者会自然而然得出的结论。

种族主义堪称是革命党人进行民主宣传的一张"王牌"，虽然现在看来其中不乏偏颇偏激之处，但是在当时反抗清王朝统治，实现民族复兴的大背景下无疑是一张很有威慑力与煽动力的好牌。正是因为打着民族主义的旗号，才唤起了很多汉人对于满洲入侵的惨痛回忆，随即明白"皇汉岂能屈就于满洲之下"，开始站起来勇于反抗。就算是后来孙中山的同盟会其纲领也是"驱除鞑虏，恢复中华，创立民国，平均地权"。由此可见民族主义的威力。

仅仅提及扬州十日、嘉定三屠还不够，作者还回顾了菲律宾的民族起义，对于这种反抗暴政、追求自由的伟大行为进行了热情讴歌，将其评论为"黄河伏流，一泻千里，大地风云，朝不谋夕"，然后作者又作出自信的判断"十年以后，太平洋中，无复美利坚人之殖民政略矣"，可谓是气势磅礴、发人深省。

想要革命，有一个问题一定要弄清楚——在这个国家里谁是主人，谁是仆人。清政府把所有人民当作奴才，任打任杀，随意剥削，而人民不敢反抗，只能生生世世作为奴隶，接受着永无止境的剥削。然而，作者却在这里奇峰兀起，大声畅言："中国国民就是国家的主人翁，假如今天的中国政府不能行使公仆的天责，反而谄媚外人，以凌辱杀戮中国人民为快，那么就好像盗贼中最恶劣最卑鄙的人了！"可谓是痛快淋漓，直指人心。

感觉力度还不够，作者又描述了这个清政府不得人心而卖国求荣之处，历数了唐才常忠心报国而横遭杀戮，留学生组织义勇军而遭到镇压的事件，痛斥清政府不仅不作为，不思抵御外侮，反而帮着侵略者残害同胞，可谓是丧心病狂、不能容忍！

革命大事，当然容不得半点大意与疏忽，然而作者却乐观地认定假如我们能够有数百上千的革命党派遍布世界，只要有人登高一呼，以身作则，那么就会群起响应，一举推翻清政府。作者为我们描述了一个美好的前景"及大功告成，天下已定，而后实行其共和主义之政策，恢复我完全无缺之金瓯，则所革者政策之命耳，而社会之命，未始不随之而革也。"可谓是让人向往歆羡，不能自已。

在文章的最后，作者大声疾呼，痛言此刻时机危亡，实在容不得半点迟缓："外人乃朝换一约，暮索一款，伺我内情之懈弛，徐行其扩张权力之计，是我膏涸血竭，财穷智绌，遍国人无能为抵御之策，而彼乃印度我、波兰我，支那大陆，永远陆沉"，可谓是触目惊心、令人惊惧。是以，任何改良派的温和政策都行不通，只能是"无奋雷之猛迅，则万蛰不苏；无蒲牢之怒吼，则晨梦不醒；无掀天揭地之革命军，则民族主义不伸"，革命的胜利只能通过暴力的斗争获取，可谓发人深省、令人沉思。

"无量头颅无量血，即造成我新中国前途之资料。"作者在文章末尾这样大声疾呼，是的，只有鲜血与牺牲才能造就一个崭新的中国，任何有所迟疑者，都不是真正的革命党人，也不可能真正实现救国报国的大抱负、大使命！

因为这篇文章写得实在文采飞扬而说理透彻，值得一读，故将之翻译如下，以飨读者。

驳《革命驳议》

章炳麟[1]　邹容

　　昨天读到了某报的《革命驳议》，自称主张维新变法而不主张暴力革命。这些人认为现如今革命的难处第一在于外部列强干涉，第二在于内部腐败，相互倾轧，所以不如潜心研究实际的学问，以便日后辅助君王，复兴国家。

　　然而，这篇文章出言糊涂，是非不明，不知道倘若他有朝一日得到君王任用，是将要确立君主立宪政体，辅助君王，复兴国家，还是要小修小补，弥补细小的问题，敷衍了事，这样来复兴国家呢？如果仅仅只是维新变法而已，那么康有为在戊戌年间已经实行了变法，前车之鉴尚且不远；即使慈禧那个满族女人被杀，皇帝亲政，百日维新延续到一百年，假如外国人大举入侵，要求我们割地赔款，我们就能抵抗吗？

　　如果说到君主立宪制度，某报既然已经知道现在的社会是世风日下，腐败横行，普通人民只知道耕田种地，输税纳粮，根本不知道什么是自由，什么是不自由。而他们想要通过改变税务制度来恢复国家权力，这又是空中楼阁了。小修小补的变法，不过是粉饰太平、敷衍了事，根本不可能将中国挽救于生死存亡之中。假如要彻底变革，用立宪挽救中国的灭亡，然而不懂

---

① 章炳麟：即章太炎。

得自由的人不能进行这种改革，缺乏群众基础的改革注定失败，那么这些人研究实学将要用在哪里呢？

维新变法走到了终点，其结果一定是立宪。那些人之所以只敢说维新，忌讳说革命，只不过是因为革命一定要伏尸百万，流血千里，激烈拼杀，临阵交锋，与最凶残最狠毒的敌人正面交锋，又怎么能坐而论道地去实现呢？

看世界列强的新政，没有不从革命得来的。意大利、匈牙利轰轰烈烈而百折不回的革命自不必说，他们的光辉足以照耀历史；英伦三岛的子民难道不是因为他们的"不成文宪章"和宪政国家的美名而倍感自豪吗？然而一千二百一十五年的革命怎么样呢？一千四百八十五年的革命怎么样呢？一千八百三十二年的革命怎么样呢？假如英国人不是在这三年里面进行了轰轰烈烈的革命，现在不过就是另一个土耳其罢了（其时强大的土耳其已经衰落）！

再往东看看日本，不是皇统绵绵，源远流长，万古长青，统治不朽，臣子都向君王进献谀言媚语吗？而萨、长两藩（倒幕运动的主力军）的尊王倒幕运动又该当如何呢？西乡、南洲、鹿儿岛的革命又该当如何呢？假如日本当初不革命，现在不过是另一个朝鲜罢了，又有什么可以选择的呢？

某报的言论，洋洋洒洒，字数万千，而危言耸听、妖言惑众，其中最足以吓破普通人胆子，使得英雄气短的莫过于所谓"列强干涉"罢了。然而，区区干涉又有什么值得害怕的呢？假如革命的思想能传遍全国，人人都有着"不自由毋宁死"的想法，以自强自立的姿态屹立于苍茫大地之上，与欧美列强相互周旋，那么炎黄子孙、华夏人民，人数尚且不少，就算扬州十日、嘉定三屠（都是清朝对汉人的大屠杀）的惨剧就算重演也不会灭绝我们的种族！如果不然，违背"物竞天择，适者生存"的法则，处于不利的位置，别人让当牛马也愿意，别人让当奴隶也愿意，那么不过是步了很多蛮族的后尘罢了。

菲律宾的事情（指菲律宾人民起义）我们都很痛惜，我们革命党人为之捶胸顿足，泣血痛苦，终日郁郁寡欢。虽然如此，以阿桂拿度的英雄杰出，菲律宾国民的义愤填膺，虽然含辛茹苦，暂时被强敌慑服，而他们仰视苍天，俯瞰大地，心中激愤不平而奔涌不息的气愤是不会休止的。黄河的河水虽然暂时平息，然而一旦爆发就会一泻千里不可遏抑，势不可挡，可以说是刚猛无俦。我敢担保，十年之后，太平洋里面就再也没有美利坚人的殖民地了。如果不然，到了那时候起义者们义旗一指，百姓响应，千里相从，西班牙九百多年的殖民统治也将彻底毁灭——菲律宾人民又怎么会长久地压抑自己的自由天性，让自己永远地做别人的奴隶呢？

我们说一个村里有一个富人，有很多盗贼到了他家门口准备盗窃，而主人和仆人只有齐心协力、共御外侮才是正道，假如他们同室操戈、相互龃龉，就会自己筋疲力尽，没有能力抗衡破门而入的盗贼了，这是固定不变的常理啊。而我们的主人和仆人指的是什么呢？中国国民就是国家的主人翁，假如今天的中国政府不能行使公仆的天责，反而谄媚外人，以凌辱杀戮中国人民为快，那么就好像盗贼中最恶劣最卑鄙的人了！假如屋内的内贼不除去，让他盘踞在房屋正中，碍手碍脚，就不异于是绑住自己的手脚和别人打斗，又怎么可能获胜呢？

而且那些人既然排斥革命而主张维新，那么我们就来看看维新。维新始终不可以通过坐而论道的方式从容不迫地实现，仍然不得不寄希望于各民主党派的崛起。然而，政府却相当仇视我们，见到我们人民稍有一点气节、稍有异动就一定要杀掉，又哪里知道维新与革命的区别呢？唐才常说是要勤王（保卫君主是为勤王），结果在湖北的街市上被杀，去日本留学的中国留学生为了拯救国家而成立了义勇军，却被朝廷大肆通缉，那么维新和革命的差距又有多少呢！

我知道一旦宪政党出现在国内，政府的追剿、外国的干涉一定会和从前一样，根本不会有任何区别。而那些低头俯首，以求维新变法的人终究成不了事，为何不提倡革命，或许还有万一的希望呢！他们说中国的人民不敢抱怨政府，所以不可以说革命，我却要问，难道我们国民是生来就有奴隶性、有做牛马的命运，任凭政府欺压剥削而不敢反抗的吗？不过是智力没有得到开发，被四千年的陈腐学说所迷惑罢了！而号称提倡民权的某报，也是变本加厉，对于等级制度又加以发挥，确定了各种制度，限制人民的反抗，即使人民有所怨恨，也因此没什么办法了！

假如有人打破这种藩篱，讲明白自由平等的大义，那么二十世纪的中国又怎么会不如十九世纪的欧洲呢？他们所批判的那种在大庭广众之下明目张胆地大肆演讲，宣扬革命，直言不讳，并且撰写文章，刊登在报纸上，以期有人共同见证的原因，正是中国国民不知道革命，我们要找到警醒世人的道路罢了。

他们说建立党派是不可靠的，还拿出了义和团的例子来说事。然而，义和团又怎么能和我们的革命相提并论呢？义和团们的宗旨就是"扶清灭洋"，以炎黄子孙的高贵血脉，屈从于满洲民族，恬不知耻地自称大清顺民，俯首帖耳，简直是没有廉耻！假如他们能做大清帝国的奴才，又为何不愿意做大英帝国、大法兰西帝国、大日本帝国的奴才呢？假如他们能当张家的狗，那也一定可以当李家的狗，性质就是这样，没什么区别。我知道义和团只有少数人是这么想的，多数人未必把自己当作清朝的奴才，我只是将他们一概而论，用以说明问题罢了。而今日主张革命的人，虽然义正词严、言语有力，不和某报所持的观点类似，但是也是主观臆测，颇多不尽不实之处。假如争论起来这是没有尽头的事情，倒不如我们来比较立宪和革命的难易程度，让海内外人士共同评判如何？

革命大业，虽然事关重大，困难重重，但是假如能够有数千百个铁骨铮铮民主党派遍布中外，然后有一位聪明睿智的大人物振臂一呼，率领这些党派共谋大业，那么就会四海响应，一举推倒满清政府，驱逐异族，还我汉人河山。等到了那时候，天下已定，我们就可以实行共和主义的政策，收复我们沦于敌手的国土，那么这样革去的就是政治上的敌人的命，而社会上的命也随之革了。

反观维新，则是必然要以立宪作为基础，立宪的前提是人人都能遵守自治的法律，人人有维护宪政的意识，然后才能公布宪法，得到举国赞同之后加以实行。现在看中国数千年封建统治之下疲敝虚弱的社会风气，无不俯首屏息于严酷的专制统治之下，可谓是难堪大任。假如我们一定要社会风气立刻扭转，人人拥有革命意识，成为光明伟大的立宪国的国民，那我恐怕就算是十年、几十年之后也不能做到万分之一，然而中国的灭亡已经迫在眉睫、亟不能待，何况满清政府也根本没有立宪的想法呢！

改良派根本弄不清阻碍中国强盛的敌人是谁，怀抱着无济于事而遥远难见的希望，如醉如痴，如梦如寐，而外国列强白天要和我们签订一个不平等协议，晚上又要索取新的特权，等到我们内部争斗不休而政治纷乱，他们从容不迫地实行各种获取的特权，使得我们民穷财尽、国力疲敝，找遍全国都没有人能够站起来抵抗，然后他们就可以实行瓜分政策了。他们想要把我们变成第二个印度、波兰（这两个国家都先后被列强瓜分），让我们中国永远沉沦，我不知道那些主张立宪的人可以拯救已经沦亡的波兰、印度吗？没有迅猛的惊雷，那么万物就不会复苏；

没有蒲牢（龙生九子，此为其一，善吼）的大吼，那么晨梦就不会苏醒；没有席卷天地的革命军，那么民族主义就不会得到发扬；民族主义得不到发扬，那么就算想要我们四万万同胞齐心协力、胼手胝足、尽心尽力、献计献策，与虎视眈眈的列强在二十世纪的大舞台上同台竞技，也是非常困难的啊！

这帮人又说中国乃是地方广博，往往会有对于同一件事物这里的人讴歌而那里的人怒骂的情况，所以革命即使得到一些人的推崇也不会得到全民的认同。他们还举出了科举、厘金（设卡收费）、亩捐（农业税）有人赞同有人反对来做例子，这真可以说是大惑不解了！科举制度，乃是愚民之术，有志之士是绝对不会被它迷惑、落入它的陷阱的，就算从常人的角度来看，也是没中举的多，所以自然是讴歌少而埋怨多；厘金亩捐损害国家元气，全国都受到它的损害，何况生产物资、制造产品、贩运商品对于农民、工人、商人来说都是彼此联系的，我没听说过工人商人受到盘剥而农民在田地里歌颂的；我也没听说农民受到税务的重重压迫，工人商人在市场上大声喝彩的！就算有讴歌，也不过是在痛苦哭泣中勉强借酒消愁罢了，又能说明什么问题呢？等到了酒醒，就又会恢复原来痛苦的心境了。假如这样来看的话，又怎么能作为反对革命的证据呢？

总而言之，国民和政府，是处于相对位置的两个群体。假如国民操有革命之权，想要革命那就革命，最后实现共和，那就是最理想的情况；而维新的权利不在国民手中，假如我们国民没有这个权利而一定要在政府耳边聒噪，去跪求他们实行革命，那就是革命的重大损失啊！可悲啊！放弃革命的天职，带着四万万英明神武的同胞，向着异族蛮夷俯首称臣，这就是提倡变法维新的这帮人值得自豪的吗？无尽的头颅、无尽的鲜血就是造就我们新中国前途的原料，害怕听到革命之词的人，请允许我敬您一杯血酒以壮君之肝胆，不要继续饶舌，扰乱我的心境！

第三章　共襄盛举

章太炎作序

在当时的中国，其实各种社会背景、不同政治理念的派系都是想着拯救中国的，就算是腐朽衰落的清王朝也不会希望中国灭亡。可以说，救国救民成为了那个时代的主旋律，任何违背这个主旋律的奇谈谬论都会遭到公众的排斥。

然而，并非所有的理论都能救中国、改变中国积贫积弱的局面。资产阶级改良派寄希望于"圣主"降临，能够实行变法救国，这无异于就是将国家的命运寄托在一个人身上，可以说是"被动救国"，可行性并不高。但是，这种理论是由传统的"君君臣臣"和"三纲五常"等思想中脱胎而生的，和中国传统文化具有很强的契合性，符合了一大批封建卫道士的价值取向，是以在中国市场很大。

而邹容虽然只为《驳〈革命驳议〉》写了最后一段，却旗帜鲜明地与保皇派等改良主义划清了界限。邹容认定革命主权应该操之于民，不应该为了改新去向皇帝请求，这就找对了革命的大方向，成为当时人民革命的先声。

与此同时，邹容用他酣畅淋漓而饱含热情的笔触写完了自他在东京就开始写的《革命军》，一部划时代的皇皇巨著就此出世，影响了千百万的爱国青年，成为了一个时代的标志。

下面，我们就深入了解一下这部伟大作品的诞生前后与其深刻内涵。

在目睹国事艰危、民众迷茫之后，邹容认定自己有义务唤起民众、警醒世人，是以将自己在日本已经写就大半的书稿进行续写，最后题名为"革命军"，取的是革命需要"无量头颅无量血"，就如同两军交战对垒之意。

在写就《革命军》之后，邹容有感于自己毕竟年纪太轻，缺乏文采，是以向章太炎请教，要求给自己润色一下。章太炎在阅读完这部书之后大为振奋，热情地赞扬道："阳春白雪和者不多，对于革命事业用处不大，想要感动下层民众，还得是用这样的浅显明白的语言辅以雷霆之声不可。"

章太炎主动为《革命军》写了序言，还推荐到《苏报》上发表，盛赞其为"义师先声"，声称邹容的这本巨著不仅要革清王朝的命，还要革去中国一切旧政治、旧学术、旧礼俗、旧思想的命。

原文以现代汉语翻译如下：

蜀地的邹容写了两万字的《革命军》，拿给我看说："我想要让懦夫从此站起来，让人民从此拥有志向，因此言辞恣肆，绝无回避，然而会不会显得有些缺乏文采呢？"我说："大凡事情失败，都是因为有人歌唱却没有人应和，孤家寡人所以失败。而且，仇视革命的敌人非常之多，他们的言论甚嚣尘上，足以毁灭我们的大事。我们只有最广泛地发动群众才能获得支持，所以缺乏文采也是没有问题的。"

中国被胡人侵占已经两百六十年了，中国人遭受宰割剥削的残酷，承受欺压侵犯的程度，每个人都应该感同身受，应该无不渴求革命。然而，自乾隆皇帝之前，尚且有吕留良、曾静、齐周华（都是反清思想家）等人追求正义来振聋发聩，警醒世人，从那以后却没有任何消息了。

我看洪秀全兴起义师，消灭清朝，可谓是顺应民意，而却有些人与他为敌：曾国藩、李鸿章乃是柔弱小人，奴颜婢膝，左宗棠喜欢功名，爱好打仗，因此被人驱使，看事情不问是非曲直，是以没有什么值得称道的。至于罗、彭、邵、刘（都是镇压太平天国的将领）那些人，皆是坚持信念的有道之士，他们的理论，不是洛学（周敦颐一脉）就是闽学（朱熹一脉），要不然就是金溪（陆九渊一脉）或者余姚（王守仁一脉）。他们把王夫之的《黄书》（含有反清思想）日日诵读，对于孝悌之行，华夷之辨，国仇家恨，犯上作乱之戒都有着深刻的认识，可是为什么做起事来却与自己所学完全不一致呢!

富有才华的人要用自己的才能来守卫本族政权（指的是太平天国），次一等的人则牺牲自己的生命来守卫满洲，有喜欢铺排宣传的人就为他们鼓吹不休，导致社会上反倒出现了以次等人为上的思潮。其间的原因很简单，违背德行而悖谬伦理纲常的理论得以流行，牢不可破，是以虽然有反对清朝的《黄书》也好像没有一样，不被人重视。洪秀全的失败，不仅仅是因为他的战略失误，更是和社会风气不良、人们认贼作父有关啊。

现在社会风气虽然有所变更，反抗清朝暴政的人越来越多，然而对于社会现状痛心疾首，把消灭满人作为天职的人也没有几个。而就是这寥寥几人，也是言辞温婉，不能以奔放激烈的言辞进行阐述，导致宣传效果很差，即使是我也不免于此。

哎呀! 世人都喧嚣愚昧而不知言语，用委婉的言辞进行讽喻根本不能使他们动容，如果不用雷霆之声来震醒他们，就没有几个人会受到感化。假如不用这种猛药来医治世人的迷茫，等到有志之士再次兴起义师，也一定不会得到太多响应。

现在邹容写出了这本书，用汪洋恣肆而激昂奔放的笔调表现出了他革命的决心和斗志，将社会现实揭露得淋漓尽致，就算是罗、彭那样冥顽不化的人读了也要流汗悔悟。因此，这本书可以作为义师的先声，希望人民得以觉醒，而有识之士迷途知返，不要再为清廷效力! 如果贩夫走卒这样的下层人民，能够因为这本书浅显易读而有所收获，那么就可以说是受到教化了。如果不是文章浅显易懂，又怎么能有这样的效果呢！

我听说过：同族相互取代，叫作革命；异族窃国，叫作灭亡；同族之间改革制度，叫作革命；驱除异族，叫作光复。现在中国既然已经被异族灭亡，我们所应该做的就是光复，而不是革命。那么邹容又为什么要命名为《革命军》呢？

在我看来，邹容所谋划的远远不只是驱除异族，更是要全面变革政治、教育、学术、礼节习俗等等方面，只要不符合时代潮流的，统统都要加以革命，是以命名为《革命军》。

章士钊推波助澜

邹容《革命军》出版之时，正值上海人才济济，许多爱国志士都在上海参加爱国运动之际。于是，章士钊为他题写了书名，柳亚子联合蔡寅等人为《革命军》筹集了印刷费，在大同书局出版印行。1903年5月末，《革命军》在上海出版，这是上海最早出版的宣传革命的单行本的书籍。

·为了促进革命宣传，增加《革命军》的影响，章士钊用"爱谈《革命军》者"之笔名写了一篇名为"读《革命军》"的文章。

这篇文章笔锋犀利，深沉怀感，有黄钟大吕之声，不妨一读：

现在有心救国的人，没有不谈到教育普及这件事的。教育普及的确是好事，然而，我却不知道普及的是什么教育，普及的教育包含什么内容呢？是要获取知识吗？是要练习技能吗？是普通人所不可或缺的东西吗？如果说这种东西是不可或缺的，那就如同眼睛能看，耳朵能听，嘴能说话，手能持物，都是机械的运动，是由大脑支配的。假如思想是野蛮的，那么他的耳目手口所作出的行为也一定是野蛮的；思想是文明的，那么行为就会是文明的。知识技能对于主义也是这样——信奉奴隶主义的人，用他们的知识技能来尽自己作为奴隶的职责；相反，信奉国民主义的人，用他们的知识技能来尽自己作为国家公民的职责。假如现在有一个信奉奴隶主义的人，我们增加他的知识，磨炼他的技能，那么不过是让他成为更能干的奴隶，增加他作为奴隶的技能，使他作为奴隶的根性永远不可以除去。假如提倡这样的教育，使我们中国人民沉溺于奴隶身份不可自拔，那么这种人不仅是教育界的罪人，更是我们国民的公敌啊！在现在这个时节谈论教育，最重要的就是让人们脱离奴隶身份而成为国民。那么该如何让奴隶成为国民呢？答案就是革命。

虽然这样，革命也是上个世纪欧洲的产物。近十年来，这个思想在我国稍稍得到传播。考察我国历史，自从汤武革命（那个时候的革命与现在革命概念不同）以来中国所遭受的一切惨剧，发起革命的人有的成功了，有的失败了，没有不是从盗贼伎俩开始的，然后辅以安抚之术，目的都是让人乖乖地当自己的奴隶，这些所谓革命没有一个可以和今天的革命相提并论的。如果我们把中国现在这些奴隶根性深重的人拿来做实验，骤然让他戒掉鸦片烟，或者劝他不要让女儿缠足，他是决计不会答应的。呜呼，这就是中国人，这就是他们需要教育的原因啊！

教育的方法，在于根据一个人已经具备的知识，增加他未知的知识，根据学生的潜力，引导他进而使之上进。我国的乡里民间、妇孺口中，经常有"男的要穿清朝衣冠女的可以不穿""老人要穿清朝衣冠儿童可以不穿""活着的人要穿清朝衣冠死了下葬时可以穿明朝衣冠"等说法，而他们见到满人，无不是叫作"鞑子"（对满人的蔑称），和我们把西洋人叫作"鬼子"是类似的。这是对满人的仇视，这是众所周知的。然而，现在世代统治中国的，却是满人；现在占据贵族特权的，是满人；驻防各省以压制奴隶起义的，是满人。革命这种事，除了除去世袭君主、排除贵族特权、取消一切压制人民的策略之外又还有什么呢？因此对于满人的仇视，实在是革命的群众基础，而今天想要革命，就不能不利用这一点。而在现今讨论教育普及，除了引导对满人的仇视形成革命大潮之外又还有什么呢？然而，假如我们宣扬的仅仅只是排斥满人，而不灌输国民主义，那么等到排满风潮形成，将使得人人有当秦始皇、朱元璋的志向，即使侥幸赶走了满人，也会建立第二个清朝，还是跳不出自相奴役的怪圈，最后还会导致第二次革命。假如我们用复杂的概念去解释革命，把革命的大义隐藏在言语中，仅供专家学者玩赏讨论，那么就和普及的思想相悖了。

好啊！邹容的《革命军》以国民主义为主干，以排除满人为主要目的，历数往事，阐发公理，用犀利的笔触和浅显的言辞来表达革命的理念。即使是愚顽无比的人，只要看到他的文章，听到他的言辞，也会面红耳赤、心跳肺张，做出拔剑砍地而飞身入海的动作。呜呼，这的确是今天进行国民教育的最好的教科书。李商隐想要将韩碑写一万遍然后诵读一万遍，我今天也想这么做！

章士钊对于《革命军》的评价，可谓是赞赏之极、激赏不已，极尽褒奖之言词。不仅如此，这也是一部"国际化巨作"，影响不仅波及国内，更是远达海外。

邹容从上海回来，居住在爱国学社。当时正值东三省被沙俄强占，留学日本的学生们组织起了义勇队，要杀身报国、以身抗仇。邹容听说了之后，想要报名参加（可惜未能成行）。那时候广西巡抚王之春想要借助法国军队铲除内乱，上海志士想着要阻止他的做法，都到张园聚会商议。那次聚会邹容也去了，他在会上论辩滔滔，旁若无人，才华横溢，词风甚锐，是以海内人士逐渐知道邹容的名声了。

邹容的舅父某人（就是前面阻止邹容留学的那个），到上海做生意，邹容前去拜访他，建议舅父毁家纾难，拿出钱来资助爱国事业，结果没有被接受；邹容又写了家书，用国家灭亡的言辞来警醒父亲兄长，也被认为是狂言不被接受。

邹容目睹时势艰危，而中国人心陈腐不堪、难堪大任，所以把从前写的文章续写完毕，题名为"革命军"，署名是"邹容泣述"。全文落落两万多字，旁征博引，汪洋恣肆，文字浅显，明白晓畅，就算是愚夫愚妇也可以诵读。一时间，《革命军》在中国得到广泛流传，旅居上海的外国人争相翻译成外国文字，在他们的国家传播，并且把邹容的头像放在报纸上表扬，结果外国人都感叹中国也不是没有人才。

革命不是一个人的战斗，而是群体中一部分较早觉醒的人努力让整个群体觉醒的过程。觉醒了的邹容、章太炎、章士钊等革命者，他们组成一支革命军，以笔为刃，打响一场纸上的战争，用《革命军》这样的作品，去唤醒当时还在沉睡着的整个中华民族。

第四章 《革命军》析要

假如说一部皇皇《革命军》是一棵参天大树，那么绪论就是这棵树的根基，一切思想都由这个树根散发。而绪论的文笔和锋芒也是全文最优秀、最犀利的。是以，在这里将绪论略作翻译，其余部分仅作分析。

绪论

能够扫除数千年的种种专制政体，脱去汉人数千年的重重奴隶根性，诛灭五百多万披毛戴角的满洲人种，洗刷二百六十年的残酷惨虐的无尽耻辱，使得中国大陆重新成为一片净土，黄帝子孙都是华盛顿，唯一能够起死回生，唤回魂魄，世人逃离十八层地狱，进入三十三重天堂，郁郁勃勃，莽莽苍苍，最大最高，实现伟大绝伦目的的，就是革命！巍巍啊，革命！皇皇啊，革命！

我于是沿着万里长城迤逦而行，登上昆仑山，畅游扬子江上下，溯黄河而上，树立独立之旗，撞响自由之钟，对着天地苍穹大声疾呼，喊破嗓子喉咙，想要告诉我的同胞的就是：呜呼！中国到了这个地步万万不可以不革命；我们汉人想要脱离满人的统治，就不可以不革命；我们中国想要实现独立，就不可以不革命；我中国想要和世界列强并列称雄，就不可以不革命；我中国想要变成世界强国、地球的主人，就不可以不革命。革命啊！革命啊！我的同胞们，老年人、中年人、壮年人、少年人、幼年人，无数男女老少，有畅言革命而愿意实现革命的吗？我的同胞们难道不想生活在革命之后的美好世界中吗？我今日在此大声疾呼，把革命的宗旨公布天下。

不同年代出版的《革命军》

革命，乃是天理循环的规律；革命，乃是世界各国的公理；革命，乃是拯救国家顺应时代潮流进步的要义；革命，乃是照应天道而照应民心的关键；革命，乃是去除腐败实现和谐善良的道路；革命，乃是从野蛮进步到文明的途径；革命，是奴隶翻身做主人的方法。因此一个人有一种想法，十个人有十种想法，百千万人有百千万种想法，亿兆京垓人有亿兆京垓种想法，各不相同。人们虽然各有各的想法，有些思想却能够达成共识。住房、饮食、衣服、器具，要么好要么不好，要么漂亮要么不漂亮，存在于心中，盘旋于脑海里，而人人都可以辨别一个人是好还是不好。一个器具是美还是不美；一个人好的就和他交往，不好的就敬而远之；器具美就留下，不美的就抛弃。这都是相同的——这种选择的思想就是革命宗旨的来源啊。

这仅仅只是从器物的角度来讲，假如我们放眼纵观，考察古今上下，宗教道德、政治学术，我们所能看到所能感受的一切事务，莫不都是要经过这种革命思想的筛选。从昨日到今日，这种现象比比皆是，存在于生活的每一个角落，所以说革命是很寻常的一个东西。

虽然这样，但是还是有非同寻常的革命。一千六百八十八年的英国革命，一千七百七十五年的美国革命，一千八百七十年的法国革命，都是世界大潮顺应天道依照人心进行的革命，都是去除腐败发扬良善的革命，都是排除野蛮走向文明的革命，都是让人民摆脱奴隶身份，真正当家做主人的革命。在这些革命中，牺牲了个人的利益以利天下，牺牲了贵族的权利以利平民百姓，使得人人都享有平等自由的幸福。只要革命的风潮所到之处，群众无不相随共行，最后同归于自由民主平等幸福的结果。真是一个威力无穷的怪物啊，革命！真是世间无与伦比的宝物啊，革命！我今天听到这些话，都不禁嘴里流涎而心里发痒，神往不已。我于是在我的祖国五千年历史中搜寻，指点两百多万平方公里的地图，询问别人、省察自己，想要寻到一件称得上是革命的事迹来和英国法国美国的事迹作对比。呜呼！为什么我却找不到一件呢？我也曾经深刻思考过为什么找不到一件可以用来对照的事情，于是有了一些感触。我也因此有了历代统治者都是独夫民贼的感慨。

自从秦始皇统一中国，妄自尊大，残害人民，把国家当作私产，把人民看作奴隶，建立专制政体，广泛引用祥瑞和各种荒诞不经的迷信学说，愚弄人民，自称天命，把国家置于自己的控制之下，以保存他子孙帝王的万世基业。然而，他却不知道他的享受越是值得别人羡慕，那么天下想要篡夺他的权势的人就越多。因此自从秦朝以来，有陈胜吴广篝火狐鸣起义，有隋文帝有"王"字在手掌上，有西汉末年"卯金伏诛"预言汉朝灭亡的民谣；有曹操篡夺了汉朝政权，奸雄乱臣觊觎皇帝之位的事史不绝书。于是石勒、成吉思汗等人也是这样，率领着来自北方，身上散发着腥膻气味的胡人窃取了皇位，统治我们大禹的国度，把我们伟大的民族当作臣妾。呜呼！革命！杀人放火从中出现！呜呼！革命！自由平等也从中而来！

我悲痛我的同胞经历了这么多野蛮的革命，却不愿意实行一次文明革命；我悲痛我的同胞竟然愿意给任何人当奴隶，却不敢有丝毫的反抗。我庆幸我的同胞能够遭遇世界列强；我庆幸我的同胞能够听闻文明的政体、文明的革命；我庆幸我的同胞能够把卢梭的《民约论》，孟德斯鸠的《万法精理》，弥勒约翰的《自由之理》《法国革命史》，美国《独立檄文》翻译成中文来阅读。这不也是我们同胞的幸运吗？

卢梭等大哲人的微言大义乃是起死回生的灵药，追魂返魄的良方。这些书籍可以像九转金丹一样使人脱胎换骨，只要一刀圭（中药量具名）的量就可以奏效，法国、美国的文明的政体都是从这些理念中来的。我的祖国今日的疾病，是将要致死的重病，难道我们不愿意服食灵药、使用药方来治病吗？假如大家愿意，请允许我拿着卢梭等大哲人的旗帜在神州大陆上高高招展。除此之外，又有大儿（这里不是蔑称）华盛顿在前，小儿拿破仑在后，为我们同胞树立了革命独立的华表。

哎呀！哎呀！革命！革命！能够革命就能活下去，不能革命就要死！不要退步，不要中立，不要徘徊，这就是革命的时候了，这就是我提倡革命的原因，希望与同胞相互勉励，实行革命主义。假如大家不希望革命，那么就请等几十上百年，必然有提倡平等而释放黑奴的言论出现，那时候就会有人提倡平等释放作为奴隶的中国人。

一、革命之原因

在本章的开头，作者劈头提出一个问题：都说要革命，说是要革命到底，可是我们今天究竟为了什么革命呢？

"不平哉，不平哉！"没等读者反应过来，作者愤而给出答案，正是因为我们中国人感到不平，我们受到了不平等的待遇。中国人被游牧的满洲人奴隶，成为这些低贱种族的奴隶，还有许多人摇尾乞怜，三叩九拜，这难道不是值得羞耻，值得不平的吗？

随即，作者大声感叹："哀哉！我同胞无主性！哀哉！我同胞无国性！"是的，作者在这里感叹中国人不仅贪图名利爵禄，更是，没有主性国性，没有一点国家沦亡的羞耻心和责任心，是以作者痛心疾首，不能自已。

近来有革命家、热心国事的人常常大声疾呼："中国如果不抓紧改革，将要步了先后沦亡的印度、波兰的后尘（两者，尤其是后者，可是曾经国势煊赫的大国）。"然而，作者邹容却有不同意见："怎么能说出这种话来呢？难道波兰、印度也曾经被满洲人骑在胯下三百多年吗？又何必说将要成为下一个波兰印度呢？中国已经成了波兰印度了！"

作者在此愤然自问自答："我们早就被满洲人灭亡了，而满洲人已经被英法列强灭亡了，这么说来，我们不仅被灭亡了，更是被间接地灭亡了。"然而，作者却愿意做直接亡国之民而非间接亡国之民。为什么呢？英法列强之所以能灭亡中国是因为他们文明程度高于中国，满洲却是最野蛮最无知的人种。所以，宁可做文明人的奴隶，也好过做满洲的奴隶。

随即，作者提出他的困惑："这世界上只有少数人服从多数、笨蛋听从聪明人的道理。假如满洲人多，那么他们不过五百万，尚且不足我们几个州县，怎么能和四万万人相比，假如说满洲人聪明，那么他们的亲王大臣有的目不识丁，他们的将军都统只知道唱个小曲。三百年里面，即使有那么一两个特别聪明的人，也被我们的教化感化了。"所以，满洲人又凭什么统治四万万汉人呢？

作者还讲述了一番近代行政知识："一个国家的行政机关，应该由一个国家的人共同管理，假如人民不能管理行政机关，那么算不上是一个国家，这些人民也不算是国民。"然而，假如我们考察中国实际情况，却会发现中国的政治权利却是被异族掌握，中国人不能有任何决断权，这难道是正常情况吗？

为了论证自己的观点，作者还对满洲人对待汉人的政策加以阐述："满洲人在中国的数量，不过是占据了十八省中的最小一部分罢了。而他们在朝为官的，却是以最少的数量和十八省汉人相比。现在从满汉的在京官员进行比较，除了大学士、尚书、侍郎都是满汉相等之外，内阁衙门则是满人大学士六人，汉人大学士四人，满族蒙古族侍读学士六人，汉族侍读学士两人，满人侍读十二人，汉人侍读两人……"所以，在官员数量方面，满洲人占据了绝对优势，对待汉人极其不公平，可谓是不公至极。然而，邹容话锋一转，"这也是很正常的事情，满洲人对待异族人，本来就应该抱有这样的态度。"可谓是一针见血，直指人心。

不仅如此，满洲人还时时防备着汉人，各行省的物产丰富、地形险要的地方都由满人统治，汉人从来不能在此为官。而一些名城大埠，城内还有满人驻防于内城，随时防备着汉人——这就是时刻把汉人当作盗贼，时刻准备应对汉人起义了。

此外，满洲人只要稍微有一些功劳，取得王公的封赏易如反掌，不费吹灰之力，而汉族人中的"优秀奴隶"比如曾国藩、左宗棠、李鸿章（剿灭太平天国的功臣）等人，就算是残杀了数百万同胞，带着东南半壁江山奉给满洲主子，也不过就是到了封侯的地位而止。而满洲人中只要稍微有一两个道德优秀的人，就会得到各种封赏奖励，而汉人中的名臣贤士则动辄遭到贬斥打击，不公至极。

这是在官员方面，即使是两族的平民也大为不公。满洲人只要出生就与众不同，有各种红带子、黄带子、贝子、贝勒的头衔，成年之后就能有俸禄拿，不需要付出半点劳动就能坐享其成，如果想要当官也很容易，轻轻松松就能获得中堂尚书的职位。反观汉人，就要辛勤劳动、刻苦读书，绞尽脑汁，费尽心机才能获得一官半职，这不也值得思考吗？

鞭笞完满洲人，作者开始向中国的读书人"开火"。中国虽然分为"士、农、工、商"等四类人，士人是读书人，是最上等的人，然而欧美国家无人不读书，无人不为士，读书不是多么稀奇的事。更重要的是，中国的士子其实是没有生机活力的人。

一般人愚笨，是因为不学习，而中国士子愚笨，是因为学的东西不合适，满洲人又使尽花招来迷惑他们，用尽伎俩来折辱他们，比如八股文、试帖诗、殿试不给座位等等手段，让中国士子形同乞丐，不知人间还有羞耻之心。不仅如此，满洲人还有更凶狠的手段：他们以科举名利蛊惑人心，使得士人为了这些蝇头小利患得患失，不再有舍生取义的勇气；他们用柔弱愚钝的标准要求士人，使得士人们畏首畏尾、不敢仗义执言，甚至不敢有议政著书的举动；他们用威权势力打压士人，使得他们畏葸不前，不敢有兴起义兵、游侠万里的气概。凡此种种，诸如文字狱、株连罪等等使得士人犹如走狗犬马一样，浑然没有慷慨悲歌之气。就连现在士人视为至宝的《佩文韵府》《渊鉴类函》《康熙字典》也是用来消磨士人志气的东西。

作者在此还对读书人中的学者进行讽刺：研究汉学的，寻章摘句，笺注训诂，成了六经的奴婢，丝毫不敢逾矩；研究宋学的，就知道研究《近思录》等书，大谈特谈太极、无极、性功的道理，只求获得后世名声；研究辞章的诸如桐城派、阳湖派，就大唱特唱姹紫嫣红的陈词滥调；自诩为名士的就是到处钻营，四处应酬，无所不至——就算是对于这四种人，清朝政府还怕他们起了异心，设置了博学鸿词科来进行笼络。而近来有一些研究了点西学皮毛的，争着抢着、哭着喊着要做清廷的奴隶。而那些悲歌慷慨的人士，整日为了国家的沦亡、人民的麻木涕泪交流，其实在作者看来，一半是满洲人干的，一半是我们汉人自己限制了自己。所以，作者激愤地说："呜呼，呜呼！刀加吾颈，枪指吾胸，吾敢曰：半自为之，半满洲人造之。"

批判完所谓"士人"的愚昧无知之后，作者将目光投向下层人民：那些终日劳作而面色黝黑的不是我们的同胞吗？而他们却要遭受清朝官员的重重压迫，火耗、纳粮、摊派，种种重负压得他们不得不卖妻卖儿来偿还，这难道不是满洲人对我们的压迫吗？还有那些被卖到古巴、美国的猪仔劳工，不也是我们的同胞吗？他们一开始被美国人拒之于国门外，如在檀香山、新金山等处被拒，饥寒交迫，死无葬身之地，堂堂中华民族竟然落到这副田地，不很可怜吗？邹容接着谈到，外国人有工会来干涉国政、保护自由，还有建立党派、进行演说、设立报馆保护下层人民权益的，这些中国有吗？而我们中国人杀了个教士就要割地赔款，骂了一个外国人就要下旨查办，我们的同胞在海外受苦政府却不闻不问，这岂不是天大的笑话吗？

再看中国的商人，外国的富商大贾可以有参政议政的权利，中国却将他们蔑称为"市井""市侩"，平时看不起，等到了要赔款割地的时候就在商人们身上摊派，这就是对中国人敲骨吸髓啊。是以，作者哀叹："吾敢曰：满洲人之敲吾肤，吸吾髓！"

随着文章的深入，作者的控诉愈发显现力度：给士兵的饷银不足以让他们生活，兵器不足以御敌，为什么却要驱赶他们去送死；满人用各种酷刑对待犯人，动辄定罪处死，不问是非；浪费汉人的钱财脂膏来建造圆明园、颐和园、清皇陵等等工程，为什么等到需要为汉人做点事，要办学堂、派遣留学生的时候却推脱没钱，这种种行为、种种暴行，又作何解释？

文章逐层递进，由扬州十日而割让土地，由"宁与友邦，勿与家奴"而东三省沦陷；由衣冠沦丧、"留头不留发，留发不留头"而亡国灭种，作者的感情越发浓烈，意气也越发激昂。他想起了那些为了国家的奋进不惜抛头颅洒热血的革命先贤，他想起了中国人民遭受的种种不公待遇与欺压凌辱，他想起了列强入侵逐渐深入而清政府无所作为尸位素餐的情形，终于，他的情绪在本文的末尾达到高潮。气愤之下，义愤之中，邹容怒而写出这些铿锵有力的文字：

我们同胞现在所处的世界，现在所处的时日，在国内遭受满洲人的压制，在国外受到列强的侵略，内忧外患，两面夹击，十年之内要灭国，百年之内要灭种，不也是很正常的吗？然而有贤人说："想要抵御外侮，就要先清剿内患。"假如这样，那么满洲人就是我们同胞的公敌，就是我们共同的仇人，假如长达二百六十年给满洲人当奴才的历史可以洗刷，那么几十年的给洋人当奴隶的历史也可以洗雪！我今日和同胞约定：发扬九世复仇的大义，制定十年血战的计划，磨砺我们的刀刃，高举我们的旗帜，各自拿出九死一生的气魄，驱逐伤害我们的妇女妻儿的满人，扫除压制我们发展的满人，剿灭屠杀我们的满人，灭亡迷惑我们的满人，恢复我们拥有五千年文明的古国气度，收回我们上天赋予的权利，挽回我们生来就有的自由人权，获取人人平等的幸福！

呜呼！我们中国要革命！我们中国要革命！法国人革命革了三次，美国人革命奋战了七年，因此中国想革命也要革命，不想革命也必须革命。我愿意日日拿着鞭子跟着我的同胞进行革命，我预祝我的同胞们革命获得成功！

"怎么忍心使得天朝上国的衣冠沦于蛮夷之手，我将率领中原豪杰夺回我们汉家河山！"我的同胞难道没有这样的志向吗？

二、革命之教育

作者开篇就提出这样的论点："有野蛮的革命，有文明的革命，这两者截然不同。"

野蛮的革命，只知道破坏不知道建设，只会制造恐怖和衰败，类似现在的恐怖分子，例子就是庚子年的义和团，意大利的加波拿里，只会给同胞带来伤害；与此相反，文明的革命却是先破后立，不破不立，在破坏之后建设新的秩序和社会，为国民提供自由平等的自主权利，增进国民的幸福。

是以，作者认定："想要进行大建设，就一定要有大破坏，想要大破坏，必须先进行大建设，这是千古不易的定论。"是以，作者坚持要在破坏的时候进行建设。那么，何谓建设？作者引用意大利爱国志士杰玛志尼的言论："革命与教育并行。"是以，作者对同胞大声疾呼："革命之前，须有教育；革命之后，须有教育。"

随即，作者立刻进行对比，从中国社会入手寻找例证。作者明确地看到，中国社会上存在种种可丑、可贱、可厌、可嫌的现象，可谓是"五官不具，四肢不全，人格不完"，如果想要发动这样的人来参加革命那可以说是痴人说梦。然而，在法国大革命、美国独立战争之前，两国的教育都十分发达，堪称世界一流。无独有偶，印度灭亡、犹太人国家沦亡时，他们的教育和中国一样差。所以，结论自然可以得出：不进行教育，革命无法进行。

作者无比推崇建立了自由民主国家的华盛顿和冲击了欧洲封建统治的拿破仑，然而假如只有一个华盛顿、拿破仑，没有千千万个华盛顿、拿破仑来共襄盛举，即使有这样的英杰人物振臂一呼又有什么用呢？所以，作者认为一定要制造无数个华盛顿、拿破仑，只有这样才能制造一个强有力的革命团体，实现中华民族的伟大复兴。

接着，作者与中国民众约法三章，希望共勉：

第一，中国人应该明白，中国乃是中国人的中国。中国的土地继承自始祖黄帝，子子孙孙，世代流传，中国人生于斯，长于斯，衣食于斯，所以应该共同守卫，不能让"异族贱种"染指我们大好河山，假如有异族侵犯，就应当不惜牺牲性命来驱逐他们，恢复汉族人的天赋权利。

第二，人人都应该明白自由平等的大义。自从人类诞生以来，没有不自由的，没有不平等的，最初并没有什么君主臣子的区分。像尧舜禹那样的人能对同胞作出贡献，即使人民感激他们的辛劳，将他们尊为君主，也不过是一个团体的领袖，没有什么超乎常人的特权。而后来的人不知道这种平等的意义，任由无数独夫民贼、大盗巨寇侵害人民，把国家作为一家一姓的私产，自称皇帝君临天下；他们甚至容许异族贱种入主中国，使得先祖黄帝蒙羞，可以说是非常愚蠢了！因此，现在中国人要追求的革命就是共同驱逐欺压百姓的异种民族，杀尽专制君主，恢复中国人的天赋人权，使得中国人民重新获得自由平等的权利。

第三，中国人应当有政治法律的概念。政治，乃是一国的行政体系，不是一两个人可以占有的私产。这就好比一台机器，每个部位都可以运行，还要有一个枢纽来总控机器，但是假如某个部件损坏，那么枢纽就会失灵。是以，人民就是机器上的部件，应该有参与政治生活的权利。然而，假如人民没有参与政治的观念，那么灭亡就会随之而来了。考察印度、波兰和其他国家的灭亡，就是因为人民没有国家观念，所以才轻易被外国灭亡。法律，则是规范人的行为，使得行为没有过失的社会规范。有人说："野蛮人没有自由。"为什么呢？因为他们没有法律，我可以杀人，别人也可以杀我，因此两不自由。为什么条顿人种可以有很强的自治力呢，就是因为他们法律观念完善！

文章的最后，作者还为国人提了四点要求：

一曰养成上天下地，惟我独尊，独立不羁之精神。
一曰养成冒险进取，赴汤蹈火，乐死不辟之气概。
一曰养成相亲相爱，爱群敬己，尽瘁义务之公德。
一曰养成个人自治，团体自治，以进人格之人群。

三、革命必剖清人种

作者的人种论在今日看来或许颇有些偏颇之处，但是考虑到当时的社会情形和反帝反封建的革命任务，我们还要抱着宽容的眼光考量。

作者开头提出，地球上有黄种人和白种人，是天生的英明神武的人种，两者没有高下之分，同生于这个自然界，共同竞争、斗智斗力，追求更好的进化（这里可以明显地看出《天演论》的影响）。人都是要爱自己的种族，然后有所团结，有所排斥。因此人一开始都是联合自己的家族排斥其他家族；联合自己的乡里，排斥其他的乡族；接着联合自己的部落，排斥其他的部落；最后联合自己的国人，对抗其他的国家。这就是世界上人种区分的公理，也是人种产生的原因。我们是黄种人，我们是生于中国大地上的最尊贵的皇汉人种。我将细数东亚历史上应该联合或者排斥的人种，为我的同胞一一讲述，使之有所感触。

亚细亚的黄种人大约可以分为两种：一种是中国人种，一种是西伯利亚人种。

中国人种分布于中国本部、西藏以及后印度的一些地方，还有三个民族：

第一，汉族，这是作者眼里"东洋（东亚）史上最特色之人种"，"自古司东亚文化之木铎（一种响器，引申为东亚文化的最繁荣人种）者"。而且，作者还认为"朝鲜、日本亦为我接下一段汉族所繁殖"，认定朝鲜、日本都是汉族的后裔（这种说法还有待考证）。

接着，作者对于西藏、交趾人以及西伯利亚人种进行了介绍，有兴趣的读者可以查阅原著进行阅读。

在介绍完了人种的分布后，作者开始了对于自身民族的阐述与民族自豪情结的调动：我们皇汉民族从黄河一带崛起，经历无数风霜，到大地四方各处繁衍，早在秦汉时代就已经遍布中国，成为地球上人数最多、最为强大的民族。到了现在，人口足有四万万，成为人数最多、无与伦比的民族，遍布万里长城之外、青海、西藏地区，面积达一千多万平方公里。而今我们民族更是越过大海直达日本，向北进入黑龙江左岸俄国境内，向南到达安南、交趾、柬埔寨、暹罗、缅甸、马来半岛，更是进入了太平洋，到达布哇、美洲合众国、加拿大、秘鲁、伯拉，经由南洋而至吕宋、爪哇、渤尼及澳洲、欧洲，数量多达三四百万。我国的穷人辛勤劳作，自强不息，凭借劳动战胜其他国家的人民；有资产的坐拥数十万上百万资产，可以和欧美的富商大贾争雄商场而不落下风。我们汉族的确是善于扩张种族势力的民族啊，那么二十世纪的主人翁就有理由成为我们汉族，哎呀，这也不是夸张啊！

呜呼！我们汉族人却不是强盛祖国的汉族人，却不是独立于亚细亚大陆的汉族人，却不是拥有伟大国民性的汉族人。呜呼汉族人！汉族人虽多，却成为了外族人的奴隶；汉族人的地盘虽大，却正好够别的民族栖息。汉族人，汉族人！不过是满洲人温良恭顺的走狗奴才罢了！汉族人，汉族人！又经过满洲人介绍成了欧美各国人的奴隶。我宁可让我们汉族人死光，杀光，而不愿意汉族人享受太平盛世、歌舞升平，在满洲人胯下当奴才！我宁可汉族人死亡殆尽也不愿意出现洪承畴（大汉奸），成为细崽（洋行里的男仆），成为通事（翻译官），成为买办（帮助洋人压榨本国人的中介），成为其他种族的仆人。我为我们汉族人感到悲哀，希望我们汉族人可以早日觉醒！

现在在大街上拉一个人，对他说："你的父亲其实不是你的生父，你真正的父亲是某某。"这个人一定会勃然大怒，把事情搞个清楚明白。又有一家人，父子、夫妇、兄弟平时相安无事，忽然来了一个强盗，打进家门，占据财产，奴役了全家人，那么全家人都要奋力死战，夺回自己的财产才能停止。假如告诉一个人他有两个父亲他不愤怒，占据了一个人的家产而他不愤怒，那么这个人不是行尸走肉就是僵尸残骸。所以我觉得我的同胞很奇怪，一个人不能忍受的事情，全国人却能忍受；一家人不能忍受的事情，整个民族却能忍受。可悲啊！满洲人入关，他们自称大清朝的顺民；八国联军进入北京，他们自称某国的顺民；香港人建立了维多利亚纪念碑，上面写着"德配天地"，道德可以和天地相比；台湾人称扬明治天皇的功德，说是"德广皇仁"，德行深远而仁慈宽厚。以前的大金朝、大元朝、大辽朝、大清朝的顺民走了，现在大英帝国、大法兰西帝国、大俄帝国、大美利坚合众国的顺民又出来了。这不是别的原因，正是因为不明白同种异种的概念，所以那些男盗女娼、辱没祖宗的事情也没什么不能干的！

写到最后，作者带着堂堂皇皇而正气凛然的语气大声宣布中华民族的"独立宣言"：

我现在正式告知我的同胞：昔日大禹鼎定九州，今日的中国十八省，难道不是我们皇汉民族的嫡亲同胞们生于斯、长于斯、聚国族于斯的地方吗？轩辕黄帝的子孙、神明的后裔，难道不是我们皇汉民族的称号吗？中国华夏、夷狄满族，难道不是我们皇汉人民区分种族的界限吗？满洲人不和我们通婚，我们还是清清白白的黄帝子孙。人对于家庭成员，莫不是相亲相爱的，对于外姓就没有那么亲近，这就是因为彼此之间有感情。我的同胞们看着中国受到这种屈辱，又怎么能丝毫不动感情呢？爱尔兰原来归属于英国，因为他们的种族和英国人不同，所以多次和英国人争斗，一定要取得自治权才能停止。谚语说："不是我的同族，他们一定怀有异心。"又有古语说："狼崽子虽然幼小，却有凶残的本性。"希望我的同胞们能够谨记，我的同胞们有跳入大海殉身，激荡大海的海水，洗洁我们祖先所受的男盗女娼的奇耻大辱的气节吗？

结尾的问句可谓是画龙点睛之笔，写尽千百年来的耻辱与委屈，显得余音绕梁，经久不绝。

四、革命必先去奴隶之根性

本章开始作者劈头给出两个选择："是想当奴隶还是国民？"接着作者还作出解释："国民就会强大，奴隶就会灭亡；国民得以独立，奴隶就只能服从。而中国人之中，有奴隶，有国民，杂糅不一，组成了中国人这一大族群。可以把现在的中国人叫作国民吗？当然不可以，四万万人中有多少奴颜婢膝阿谀谄媚之徒，把他们称作国民简直是对国民的侮辱。那么把他们叫作奴隶吧，这倒是挺贴切的。"

接着作者举出实例论证观点：不是英国人想要印度人当奴隶，是印度人自己愿意当奴隶；不是法国人想让安南人当奴隶，而是安南人自己愿意当奴隶。同理，也不是满洲人、欧美人想要中国人当奴隶，而是中国人自己想当奴隶。

何为奴隶？作者给出解释：就是和国民相对的，不能算是人类的贱称而已。国民有各种权利，各种义务，不论从事何种职业，都算是独立自强的人；与此相反，不自立、不自强，依赖别人而所有享受都来自主人，都要仰人鼻息，一举一动都要取悦主人，主人打骂只能听之任之不敢反抗，完全没有独立人格的，这就是奴隶。

说到这里作者也许觉得还不够畅快淋漓，竟然对着中国历史开刀：中国人喜欢当奴隶不是一天两天了，从秦汉时代开始就是这样。秦汉以后就没有国民这个概念了，都是在专政体制之下挣扎求存的人，全部都是奴隶。作者还抨击了中国几千年的封建教化：圣人垂教后世的大义无非就是忠孝两种，然而法国美国等民主国家却没有所谓忠君的概念，然而他们却非常爱国。忠诚，孝顺，这是人的美德，对于国家忠孝是可以的，对于君主却不可以。为什么呢？因为人没有父母就不会存在，没有国家就无法自立，所以应该对于父母国家享有义务，但是中国人却不应该当一家一姓的走狗。

非议完"忠孝"的概念，作者开始攻击历史：中国没有历史可言，所谓中国二十四朝历史其实是一部奴隶史。作者还历数了中国人成为异族的奴隶的时间：自汉朝以来一千七百年，中国全部沦为异族奴隶的时间有三百五十八年，黄河以北沦为异族统治的时间有七百五十九年。这是一个多么惨痛的数字，这是一段多么痛心的历史！

既然这样，究竟是什么原因导致了中国人会遭遇这些惨剧呢？作者给出答案：正是忠君的教化使得很多人甘心为异族君主效劳，成为占领中国的马前卒、急先锋，使得中国成为异族统治的疆域。

对于后来所谓的"中兴名臣"曾国藩、左宗棠、李鸿章，作者也是极尽嘲讽之能事：德国首相曾经嘲笑李鸿章说"我们欧洲人以镇压异族人作为功绩，没听说过杀戮同族人作为功劳的"。是以，作者激愤地写道：哎呀，我恨不得把曾国藩、左宗棠从地下挖出来让他们听听这话！我恨不得把曾国藩、左宗棠之前的曾国藩、左宗棠挖出来听听这话！我恨不得把曾国藩、左宗棠之后的曾国藩、左宗棠挖出来听听这话！上至封疆大吏，下到衙门小官，都应该听听这句话。

写到这里，作者的论点已经呼之欲出：曾、左、李三人，乃是中国奴隶的代表，旧的曾、左、李去了，又有新的曾、左、李来，他们身上体现着中国人韬光养晦而安分顺从的一面，可谓是中国人做奴才的典范。是以，作者大声疾呼："同胞们，同胞们啊！现在法国的议会里面，没有给他们当奴才的安南人的足迹；现在英国人的议会里面，没有做奴隶的印度人的踪影；日本的议会里面，没有台湾人的身影。而印度人当了奴隶还可以戴着红头巾当巡捕，在上海、香港的十字街头上以驱赶中国人为乐，那么我们中国人能不能有一块地方，找几个巡捕，以驱赶异种人为乐呢？一块面包、一碟山芋，这就是非洲黑奴的伙食，难道这也将是我们的未来吗？我的同胞们，同胞们，一定要慎重思考啊！"

最后，作者对全体中国人发出呼吁，拔去奴隶的根性，成为真正的大国民。革命必先去奴隶的根性，这是物竞天择、自然演化的道理。假如我们不这样做，其他国家就会群起染指中国土地，将我们的同胞从今天的奴隶变成奴隶的奴隶，进而变成多重奴隶，而最后又从多重奴隶变成猿猴、野猪、蚌介，最后形同尘埃，散为齑粉。作者还附了一曲古乐府《奴才好》，将之翻译于后，原文限于篇幅，此处不附，有兴趣的读者可以自行查阅，大意翻译如下：

当奴才好，当奴才好，不用管内政和外交，大家蒙在昏暗的鼓里正好睡觉。古人有言："臣子应当忠诚，儿子应当孝顺。"大家听话就好，千万不要胡闹。满洲人入关统治已经两百多年，我当奴才已经当惯了，江山和财产都是满洲人的，只要听从他的分配就好。转眼之间洋人来了，依旧需要奴才办事。洋人开矿我来做工，洋人开洋行我来当细崽，洋人要招兵我也去当，洋人要招通事我也能干。内地还有管理华人事务的甲必丹，收取赋税管理刑狱也是荣耀得很。满人的奴才做完了做洋人的奴才，奴性已经深入脑髓。父亲教导兄长勉励提倡忠孝，这是忠孝他却不做。什么流血和革命，什么自由和均富，狂妄不经容易损害性命，奴才倔强哪里肯去做。我们奴才应该小心谨慎，不要做了错事损害福泽。大金朝、大元朝、大清朝，主人的国号屡屡改变，何况大英帝国、大法兰西帝国、大美利坚国，换个国号照样戴在头上。当奴才好！当奴才乐！世上有强者我就服从，我有三分狡黠和九分谄媚，哪里知道世上什么事情是龌龊的。整顿乾坤、恢复正义终会有人，奴才只要坐看风云反复纷纭，亡国灭种的事情离现在还是很远，根本用不着苦苦思索。维新变法的诸位少年真是可笑，甘心赴汤蹈火被人杀戮，大官们震怒而外国人发愁，结果自己身败名裂相继死去。这些可笑的人只知道争回国家的自主权，哪里知道却搭上了自己的性命。当奴才好，当奴才好，奴才到哪里都有家，哪里需要去保卫种族和保卫国家！

五、革命独立之大义

革命的意义在哪里？革命的合法性与正当性又从何而来？作者在此给出了他的看法：贵族们占据了国家政治生活和经济生活的太多权利，以至于损害了普通民众的利益。他们擅加租税，强卖公债，重抽航税，这就是英国的议会不服从查理国王的统治而发动革命的原因。法兰西社会公器私用、以私害公，导致社会贫富差距过大，失去了保护人民的原意，皇室贵族更是横征暴敛、挥霍无度，这正是法国的仁人志士不惜死亡也要发动革命的原因。而在美国，英国殖民者对于茶叶征收重税，提高各项税收，使得亚美利加的革命大旗高高飘扬，最终成立了独立的民主共和国。

正是在提及了这些背景之后，作者点出了他要论证的关键：中国人在国内是满洲人的奴隶，承受着种种苦难，在国外受到外国人的盘剥欺压，当着好几重的奴隶，将要面临亡国灭种的危险，我们黄帝后裔的文明汉人竟然要遭受这种危机，这就是今日提倡革命独立的原因。

随即，作者从科学发展、认识变化的角度谈到专制统治灭亡的必然性：自从格致之学日渐昌明，君权神授、世代一统的歪理邪说从此覆灭；自从世界文明逐渐发展，专政体制、家天下的概念逐渐消亡。自从人们的智力发展、认识提高，那么每个人都得以享受天赋的自由权利。而今天，今天，我们皇汉人种，想要从此永远摆脱满洲人的欺压，恢复我们丧失的权利，成为地球上的强国，保全我们天赋的平等自由权利，就只能通过革命来实现。我是一个年轻人，没有什么学问，不敢提及革命独立之大义，只是希望模拟美国独立革命时候的事情，和大家约定几件事，敬献在我最敬最爱的皇汉人种四万万人面前，供大家采纳：

第一，中国乃是中国人的中国，我们同胞都要认同自己的汉族血脉，认同自己对于国家的主权；

第二，不允许外国人、异族人沾染我们中国半点权利；

第三，所有对于满洲人的义务、责任，统统废除；

第四，先要消灭满洲人建立的北京野蛮政府；

第五，驱逐居住在中国的满洲人，或者杀掉为同胞报仇（这个略有偏颇，但是也是反清宣传的需要）；

第六，杀掉满洲人立的皇帝，警戒后世不再有专制君主；

第七，杀掉所有干预我们中国革命独立的外国人和汉奸；

第八，建立中央政府，确立为全国总的行政机构；

第九，区分省份，每省进行投票选举选出总议员，各省总议员投票公选选出一个人为暂行大总统，作为国家元首，同时选举一人为副总统，各县州府也要选举若干名议员；

第十，全国人无论男女老幼都是国家公民，都享有同样的天赋权利；

第十一，全国男子都有服兵役的义务；

第十二，每个人都有承担国家税务的义务；

第十三，每个人都应该为新国家尽心尽力、竭尽忠诚；

第十四，凡是国家公民都是彼此平等的，男女平等，没有上下贵贱之分；

第十五，每个人的权利都由天授，都不可剥夺；

第十六，生命自由和其他权利都是上天赋予的；

第十七，不可侵犯他人的自由权，比如言论、思想、出版等事；

第十八，每个人的权利都要得到保护，建立政府也要得到人民的同意，人民将权利赋予政府，政府将要负责保卫人民；

第十九，不论什么时候，只要政府所作所为对人民利益有害，人民就可以发动革命，推倒残暴腐朽的旧政府，实现自己的天赋权利。在人民革命之后，可以进行公决，整顿政府，建立新的政权。

在这里，作者对革命与和平解决做了一下对比：新政府建立之后，稍稍有一点不满就要群起革命，朝令夕改，混乱难定，不是建立国家的道理，天下的事情都很难没有弊端，还是要以和谐为贵，只要政府的行为不至于对于人民有很大伤害，与其颠覆旧政府以求伸张权利，不如通过和平之道解决。然而假如政府实行残暴残酷的政策，将人民置于专制统治之下，那么人民群起革命，颠覆腐败政府，确立新政权，保全自己的天赋权利，也是人民的权利和义务。我们中国人现在遭受的困苦已经到了极点，实在不可以再忍受一星半点了！假如革命独立之后还要被专制统治所困，那就是实在不能甘心的了，这就是我们不得不变更政府的原因！

第二十，国家名叫"中华共和国"（清朝是一个王朝的称号，支那是外国人对我们的称呼）；

第二十一，中华共和国是独立自由的国家；

第二十二，自由独立国家之中，所有的宣战、议和、确定盟约、通商和其他独立国家的事务都和世界各大国家平等；

第二十三，参照美国宪法，结合中国的实际情况，确立中华共和国的宪法；

第二十三，中国的自治法律参照美国的自治法律确定；

第二十四，凡是有关集体和个人的事务，以及对外交涉、设置官职等国家事务，统统参照美国的制度办理。

皇天后土，为我们共同见证。

六、结论

这是《革命军》的最后一章，也是全书的结尾，作者给出了一个慷慨激昂而余音绕梁的结尾，读来令人心旌摇动，不能自已，可谓是黄钟大吕、振聋发聩。现在我们一起来看一下：

我们皇汉民族四万万男女同胞，老年人，中年人，壮年人，少年人，幼年人，一起来革命吧！革命乃是人人应尽的义务，把革命当作每日不可或缺的饮食一样对待，勇敢地革命吧！同胞们，不要自暴自弃，不要丧失信心！你们土地占据亚洲的三分之二，你们的同胞占据世界的五分之一，你们的茶叶可以供世界上亿万人饮用而绰绰有余，你们的煤炭可供世界使用两千年而不会缺乏。你们有"黄祸"（指蒙古人入侵欧洲，欧洲人惊恐地称为"黄祸"）的先兆。你们有民族的势力。你们有政治，要自己负起责任来；你们有军备，要自己进行整顿；你们有土地，要学会自己保卫；你们有无穷无尽的自然资源，要自己开发使用。你们有完整无缺的革命独立的资格。你们要率领着四万万的中国同胞革命，为四万万受苦受难的同胞请命，为祖国请命，投出你们的头颅吧，暴露出你们的肝脑吧，和你们的世仇满洲人、你们的公敌爱新觉罗氏进行战斗！同胞们，一起在枪林弹雨中驰骋吧，然后扫除干涉本国主权的外来恶魔，实现国家的独立富强。这样的话，你们历史上的污点得以洗刷，你们祖国的名誉得到张扬，你们的独立之旗高高飘扬于云霄，你们的自由钟轰然震响于大地，你们的独立大厅雄踞在世界中央，你们的纪念碑高高耸立于大地山冈，你们的自由之神已经左手指天，右手指地，只为了你们而现身！哎呀！天青地白，轰然霹雳作响，惊醒了沉睡数千年的睡狮起舞，这就是革命，这就是独立！

皇汉人种革命独立万岁！

中华共和国万岁！

中华共和国四万万同胞的自由万岁！

第五章　不忘沟壑

《苏报》大案

宛若石破天惊，犹如奇峰突起，《革命军》就如同一道惊天地泣鬼神的霹雳一般，炸响在二十世纪初的中国，使得无数人开眼看到了真正的世界，真正有了对世界和革命的思考。然而，被《革命军》揭穿了老底的清廷和列强不会容忍这种书籍大行其道，没过多久，反动势力的反扑就来了。

反动势力的反扑体现在"《苏报》案"上，这在当时也是轰动一时的大案。

《苏报》原来是挂着日本人名头主办的庸俗读物，在新主人陈范的手下变成了一份进步报纸。陈范的独生女儿陈撷芬思想进步，多才多艺，不仅帮着父亲把《苏报》办得如火如荼，还创办了女学，增加中国女性的知识。1902年冬天，东南各学校相继爆发了学生运动，进步呼声惊天动地，《苏报》特别开辟了"学界专栏"加以报道，引起了社会各界的重视。爱国学社成立后，陈范在女儿的推动下积极同爱国人士接触，邀请学社师生撰写评论，《苏报》遂成为中国进步言论的大本营。

1903年5月27日，《苏报》正式聘请爱国学社章士钊担任主笔，随即进行改良刊登了很多宣传革命的文章专栏，言论越发激烈。6月1日起，相继发表《驳〈革命驳议〉》《论中国当道皆革命党》两篇文章。9日，《苏报》公开向读者介绍了邹容的《革命军》，还选登了章太炎的《驳康有为论革命书》。此外，为了扩大《革命军》的影响，还在27日刊登了《革命军·自序》。在收到很强烈的反响之后，6月9日，《苏报》又刊登了读《革命军》和介绍《革命军》两篇文章，前者旨在阐述革命宗旨，向大众宣传革命的根本目的在于"驱除世袭君主，排除满洲贵族的特权，覆灭一切压制人民的恶政"，甚至推崇《革命军》为"国民教育之第一教科书"，后者则认为革命军"文章极为犀利，语言沉痛感人"，只要心中热血不死的人读了没有不"拔剑起舞，发冲眉竖起"的，更是宣称要"普及于四万万人之脑海"。

从6月1日到7月7日报馆被查封的三十七天内，《苏报》共刊登论说、来稿四十篇，没有一篇不是在谈革命。虽然这种革命宣传对于普通读者来说是很有吸引力的，但是对于封建保守的清廷来说那可就是致命的毒药了。虽然清廷一开始没有弄清《革命军》到底说了些什么，但是看到"革命"两字也知道不是什么好书，再找来一看，全部都是反对清朝统治、鼓动众人革命的话语，摆明了是一本"反书"。

是以，清廷开始了对于这本"大逆不道"的书的查禁，清廷一面通令全国查禁"逆书"，指明了今日新出的"革命军马前卒"及《浙江潮》等书是"谤毁朝廷，大逆不道，着即严拿究办"；另一方面，清廷立刻和帝国主义租界当局工部局取得联系，要查封《苏报》，逮捕蔡元培、章太炎、邹容、陈范等人。

其实，早在张园举行爱国集会的时候，清政府已经将集会评价为"不逞之徒"进行革命演说，要求相关部门"予以查禁，以免蔓延"。然而，因为爱国学社和苏报馆都设置于租界以内，而租界以内就属于列强的势力范围，清政府是万万不敢进去撒野的。因此，清政府只能慢慢地同租界的管理机构工部局进行沟通，不能直接进去抓人。

然而，等到《革命军》问世，如同一只利剑直插清廷软肋，恼羞成怒的清廷终于再也按捺不住，下定决心尽快捉拿这些"乱臣贼子"。两江总督魏光焘认定"四川邹容所作的《革命军》一书，由章太炎作序，内容极其肆无忌惮"，要求上海道袁树勋尽快同列强租界工部局沟通好，查封爱国学社和《苏报》，秘密提拿有关人员，还把南京的候补道俞明震派来上海，要求协同袁树勋尽快办好这桩案子。

6月29日，《苏报》又公开发表了章太炎的《驳康有为论革命书》，这篇文章不仅对康有为的奇谈怪论进行了激烈的批驳，还强有力地论证了革命才是最大的权威，一句"公理之未明，即以革命明之；旧俗之俱在，即以革命去之"（公理得不到昌明，就用革命来明确它，旧的恶俗都在，就用革命来去除它）可谓是一针见血、惊天动地。不仅如此，这篇文章还将保皇党眼中的"圣主"光绪皇帝称作是五谷不分的"载湉小丑"，揭露出封建皇帝的真面目。假如说言辞浅显易懂的《革命军》在下层民众中传播甚广的话，这篇《驳康有为论革命书》则在高级知识分子中激起了汪洋大波、万丈狂澜，两者堪称是宣传革命的姊妹篇。所以这篇文章一经发表，可以说是彻底戳到了清廷的痛处。

就在这篇文章刊发的那一天，上海道与工部局相互勾结，经过了外国领事签署，派出外国巡捕和中国警探到报馆捉人，陈范躲开了，只抓到了一个账房。第二天，巡捕和警探闯入爱国学社，指名道姓地要抓蔡元培、邹容、章太炎等人。蔡元培似乎有些预感，早早地去了青岛，邹容当时在一个美国传教士家中避难，是以只剩下章太炎在场。在见到走狗们来抓人时，章太炎立刻起身说道："其他人都不在，要抓章炳麟，就是我！"随即，被戴上手铐关进巡捕房。

虽然邹容此刻在别人家中避祸，但是在接到了章太炎的信函之后，不愿意让章太炎一个人受苦受难，于7月1日大义凛然地来到巡捕房，"自投罗网"。

在这里还发生了一个颇有意思的插曲——邹容施施然来到英国巡捕房门口，大声说道："我就是写《革命军》的邹容，特来自首！"英国巡捕却不相信年仅十八岁的邹容能写出《革命军》："就你一个毛孩子能写出《革命军》这种书？快走，快走！"浑然把邹容当作来捣乱的人，根本不愿意理睬。本来，既然没人来抓自己，自首也不被接受，邹容完全可以安安稳稳离开上海，获得庇护。但是，这里就看出革命者大无畏的情操和生死同心的伟大友谊了，邹容根本不怕死，哪怕他知道进去了就是九死一生——他大声对着巡捕说道："不信吗？你把《革命军》拿来，我说给你听听！"

就这样，邹容被投入了监狱。除他和章太炎之外，还有四个与《苏报》案有关的人被抓了进去。7月7日，《苏报》和爱国学社被查封，《苏报》的财产全部被没收，《苏报》主人陈范破产，流亡日本，这就是轰动一时的"苏报案"。

这场"苏报案"可以看作是中外反动势力联合起来对进步革命势力进行的打压，没有武装力量的革命党人在反动派的攻击之下显得孱弱无力，只能任打任杀。已经对于国家没有太多掌控能力的清廷此时却不得不借助列强侵略势力打击本国进步力量，也算是一大奇观，堪称丧权辱国之极。

在章太炎、邹容等人被抓进巡捕房之后，清朝走狗代表袁树勋、俞明震想要将两人押往南京直接杀死，一了百了，所以向工部局和外国领事多方活动，费尽心机。而远在武昌，在革命作品中被揭露了反动本质的满洲贵族、湖广总督端方对于邹容等人更是恨得咬牙切齿、不能安寝，一定要对两人除之而后快。端方先是电询魏光焘，询问处理情况；然后上奏北京，要求朝廷施加压力，快快除掉这些革命党人；最后，他还派出亲信专门到上海打听情况，表现出了反动势力在进步革命势力面前的惶恐不安和无地自容。

端方在给朝廷的上书中，将《革命军》评价为"此书逆乱，从古所无"（这本书大逆不道，古往今来是没有的），"劝动天下造反，皆非臣子所忍闻"（挑动全天下的人起义造反，是臣子所不愿意听到的）。他还声称一定要将两人"妥密解宁"（稳妥地押到清朝的势力范围南京），"尽情惩治"（用尽一切酷刑对待）。如此看来，这位端方虽然残暴狠毒，却一点不傻，知道两人的影响力，还算是清廷聪明走狗。

然而，能不能把两人"引渡"（在自己的国土上却要引渡！）回内地，不由端方等人的主观意愿决定，还得看列强在中国的代言人们愿意不愿意。

此时的美国驻上海领事古纳根据华盛顿（这里指的是美国的首都，代指美国政府）的意旨，想要借机博取清政府的好感，以便进行新的扩张活动，所以支持进行引渡。而俄国、法国两国公使也插手干涉此事，主张"将此数人交与华官"，其中沙俄公使雷萨尔更是说"邹容等人想要在中国实行革命，废去满洲王室，简直是大逆不道"，因而竭力主张将两人引渡给清朝政府。然而，这件事是在英国的势力范围内发生的，英国当时已经在长江沿岸和上海租界内拥有庞大势力，没有太多的扩展侵略势力范围的要求。英国人控制着工部局，坚持要维护"租界治权"，声称"苏报案"乃是"租界事"，是英国人的"私事"，容不得清朝人插手。英国人在上海的喉舌，影响力颇大的《字林西报》还多次发表评论，声称"外人在租界一日，即有一日应得之权利"（外国人在租界一日，就应当有一天的权利），所以坚持不答应清朝的引渡要求。

激辩公堂

就在这时候，清朝统治者下令刑部监狱用竹鞭活活抽死沈荩的事情已经被外界得知，一时间社会各界群情激奋、义愤不已，纷纷声讨罪恶腐败的清政府，英国方面也就以此为借口拒绝引渡，畏惧洋人的清政府不敢再说，只能任由英国法庭审判两位革命志士。

沈荩是一个支持维新的知识分子，曾经参加了唐才常在长江中游发动的自立军起事。在自立军失败，唐才常被杀死之后，沈荩到北方进行秘密活动，收集了很多情报。随即，他在天津英文《新闻报》揭露了清朝政府和沙俄协约、出卖东北国土的罪恶行径。被揭老底、恼羞成怒的清政府派出密探抓捕了沈荩，对他下了毒手。

在听到沈荩惨死的消息之后，章太炎、邹容虽然身陷缧继，却也是义愤填膺，愤怒无比。未几，章太炎作了《狱中闻沈禹希见杀诗》：

> 不见沈生久，江湖知隐沦。
>
> 萧萧悲壮士，今在易京门。
>
> 魑魅羞争焰，文章总断魂。
>
> 中阴当待我，南北几新坟！

沈生啊，沈生啊，我好久没有见到你了，大家都以为你已经隐藏起来了。今日悲歌萧萧，哀声阵阵，原来才知道你在北京壮烈牺牲了！你品行高洁而耻于同魑魅争光，写出文章哀婉至极，令人不忍卒读。你的阴魂请多等待我一些时日，用不了多久中国又会平添几座新坟！

邹容闻此，也作了一首《和西狩〈狱中闻沈禹希见杀诗〉》：

> 中原久陆沉，英雄出隐沦。
>
> 举世呼不应，抉眼悬京门。
>
> 目瞑负多疚，长歌招国魂。
>
> 头颅当自抚，谁为墨新坟。

中原大地久久沉沦，英雄出世将要为这个世界作出改变。

英雄陨落，举世高呼英雄却浑然不应，那么就请把我的眼睛放在京城门口，看着国家的毁灭！让你先走一步我心中是多么愧疚，只能闭起眼来高唱招魂歌来招回国魂！抚着大好头颅，浑然不惧死亡，谁来为我的死亡穿上丧服发丧呢?

两首诗风格不一，其中生死决绝而毫不畏惧的情怀却是浑然一体的。

是以，有了沈荩的例子在前，当《苏报》案发生，章太炎、邹容等人被抓捕之后，国内外舆论非常激动，一致反对租界当局将两人押解南京。远在香港的兴中会举办的《中国日报》更是评论"外交团如果决定把'罪犯'引渡，我们应当予以反抗"。新加坡华侨陈楚楠、张永福等人也致电上海英国领事馆，坚决反对引渡行为。正是因为中国社会的强烈反抗和激烈舆论，英国以外的国家对于引渡两人也有了一些顾虑。

7月13日，眼看事情不妙，不能把"毁谤朝廷"的要犯正法的清朝皇帝和皇太后亲自出面，发出"上谕"，声称"邹容等六名罪犯既然已经被拿获，就应该设法押往南京，不要让他们逃脱"。然而，外国领事和工部局眼里只有自己的侵略利益，害怕触犯了舆论导致自己利益受损，根本不在乎所谓的"上谕"，只是按照自己的意愿行事。7月15日，租界会审公廨组织了所谓的"额外公堂"，将要对章太炎、邹容等人进行非法审讯。

会审的时候，章太炎、邹容的辩护人向会审官询问："根据法律法规，假如只有被告而没有原告，这案子是不能成立的。那么请问这桩案子的原告到底是谁，是清朝政府吗？是两江总督吗？是上海道台吗？"

猝然被问的会审官不知如何作答，只能敷衍地回答："是中国政府。"是以，中国历史上少有的中国政府状告自己国民的案子就此诞生，原告是残酷腐败的封建政府，被告是进步先进的革命人士，本应该是后者控诉前者的情况在此扭转——落后邪恶者成了原告，进步善良者被状告当庭，这真可谓是咄咄怪事！

清朝政府的代表援引了《苏报》的有关文章，特别是摘录了《革命军》和《驳康有为论革命书》的内容指控章太炎、邹容"故意污蔑当今的圣上，诋毁政府，大逆不道，想要让当今的国民仇视皇上。他们痛恨政府，心怀叵测，想要作出大逆不道的事情。"

对于这指鹿为马的指控，章太炎和邹容浑然不惧，进行针锋相对的反驳。章太炎对着高台上几个黑头发黄头发的会审官，从容不迫地讲述了自己和清政府进行斗争的经历，大声辩驳说："我因为见到康有为写书反对革命，袒护腐败的清朝，因此作书进行驳斥。这书我托广东人沙耳公带到香港，转寄新加坡，却没有得到康有为的回应。你们所说的书中'载湉小丑'侵犯了清朝皇帝的'圣讳'，我只知道载湉是满洲人，却不知道所谓'圣讳'！"

这一番辩驳铿锵有力、义正词严，让几名会审官面面相觑，不知如何应对，只能转头询问邹容，邹容却毫不动摇、毫不畏惧地大声反击："我刚来到上海的时候在广方言馆学习，后来来到日本东京留学。因为恼恨满洲贵族专制，所以有了《革命军》这本书。今年四五月间，我请假来到上海，听说公堂出票抓我，所以我来巡捕房报到！"

好，好个邹容，果然是英勇无畏，气势凛然，这哪里像一个十八岁的少年，简直就是一位饱经革命斗争磨炼的伟大战士！

在前面我们提到过，邹容从小仰慕明末英雄少年夏完淳的事迹，这里不妨做些介绍：夏完淳原名复，字存古，号小隐、灵首（一作灵胥），明末著名诗人，少年抗清英雄，民族英雄。明朝灭亡之后，夏完淳父亲和陈子龙进行抗清活动，在父亲、陈子龙先后壮烈牺牲后，年仅十四岁的夏完淳凛然不屈，坚决进行抗清活动，毫不动摇。1647年7月，夏完淳为清朝密探所捕，押往南京受审。审判夏完淳的乃是大汉奸洪承畴，他利用高官厚禄和求生欲望引诱夏完淳，意图使之就范，夏完淳却声色俱厉地呵斥洪承畴，使得洪承畴面色如土，惶然不能自安。9月，夏完淳慷慨就义，行刑时怡然自若，丝毫不惧，而砍他头的刽子手却战战兢兢，目不敢视，磨蹭了好久才将夏完淳杀死。

从这里看，邹容虽然面对的是中外会审团，他的意气操行却没有半点输给夏完淳，两者虽然相隔两百多年，却是一样的坚贞不屈，一样的铁骨铮铮，一样的气壮云天，中国人的爱国情怀在他们身上体现得淋漓尽致，不愧是热血刚烈的大好男儿！

在物质的世界，两人的确已经沦为阶下囚，成了和清朝抗争的失败者；然而，从精神的世界来讲，他们确是永远的胜利者，将要从精神的高度永远俯视那些不敢抗争的奴才小人。从法庭审判归来，他们被人用马车押回巡捕房，租界人民纷纷前往围观，还发出喝彩为他们壮行。章太炎见到这种情况，风趣地吟出一句"风吹枷锁满城香，街市争看员外郎"来勉励彼此。

两人可以说是精神上永远的胜利者，虽然遭受着各种打击折磨，身处高墙之内、铁窗之中，却丝毫不惧，还在狱中彼此唱和，赋诗言志。

7月22日，章太炎赠送给邹容一首诗：

邹容吾小弟，被发下瀛洲。

快剪刀除辫，干牛肉作粮。

英雄一入狱，天地亦悲秋。

临命须掺手，乾坤只两头。

邹容啊，你是我的小弟，我们一起披散着头发到了日本。你用剪刀剪去了小人的辫子，为了革命奔波劳碌有时候只能把干牛肉当作干粮食用。英雄一旦入狱，天地也会为他们感到悲伤。临死之前我们相互携手而行，天地乾坤也不过只有你我二人。

在得到这首赠诗之后，邹容立刻和了一首诗作为回赠：

我兄章枚叔，忧国心如焚。

并世无知己，吾生苦不文。

一朝沦地狱，何旧扫妖氛。

昨夜梦和尔，同兴革命军。

我的兄长枚叔啊，你忧心国事以至于心急如焚。假如人生在世没有几个知己，心中的痛苦又该如何表述呢？我们一朝沦入地狱，哪年哪月能够扫除妖魅的气氛呢？昨夜做梦梦到和你一起，一举兴起革命军！

虽然身处铁窗，却丝毫不减革命豪情，壮哉章太炎，壮哉邹容！

同年8月间，留日学生主编的《江苏》杂志第四期有一位署名"浴血生"的人写了一部《革命军传奇》（杂剧），将邹容化名为"周榕"，传唱了邹容入狱的事迹。这篇杂剧的头两句唱道"男儿自有男儿性，不到民权誓不休"，可谓是写尽了民主斗士们的刚烈本性。

虽然经过多次会审，但是仍旧没有定案，这就反映出列强们的矛盾心态：他们既不想得罪清政府，放走了"要犯"邹容等人，同时自己也标榜为"民主自由"国家，不愿意得罪舆论，所以多次开庭审理却不能得出最终的结论。然而，死性不改的清政府不甘心让邹容等人"逍遥法外"，一定要除去这两人而后快，先是通过外务部直接向各国驻华公使交涉，妄图从"上层路线"解决问题；接着，清朝又派出各路使者多方游说，只为除掉这两个人。

然而，列强也有自己的盘算，英国帝国主义害怕一旦在这个问题上松口，将会动摇自己在租界的统治，一旦开了清政府干涉司法权的先例，将会出现越来越多的同类事件，是以坚决不答应这种"引渡"要求。无可奈何之下的清政府退而求其次，同工部局商议，将其他在押人员释放，只留下章太炎和邹容二人进行集中迫害。然而，英国人维护自己的司法权的意愿非常强烈，还是没有答应处死两人的请求。出于面子考虑，清廷宣称二人本是"谋逆重犯"，"同恶相济，厥罪惟均"，罪刑相当，程度相同，本应该处以死刑，只是因为恰逢太后"万寿"，为了"广布皇仁"，散布皇家的恩德，所以可以依照旧例从轻处理。

12月24日，额外公堂判处邹容和章太炎"永远监禁"，即无期徒刑，引起了舆论的非议。社会各界人士对于这个非法判决予以强烈抨击，他们认为章太炎和邹容在监狱里已经关押了很久了，不论是从道德上还是法律上都不合规定，法庭不仅不能判刑，还应该取消指控，立刻恢复两人自由。

这场官司一直闹到1904年5月，额外公堂在舆论的压力下改判章太炎监禁三年，邹容监禁两年，从到案之日起开始算，期满驱逐出境，不准在租界内逗留。这可以说是封建势力和帝国主义联合起来迫害中国革命的又一事例。

其实原本中外反动派都认定邹容和章太炎"厥罪惟均"（罪行相同），甚至于邹容"尤为狂悖"（最是疯狂不羁），但是最后的判决却有所不同，甚至邹容还要轻一些，这是为什么呢？原来，清朝政府买通的辩护律师、帝国主义走狗古柏"曾经摘读《革命军》，认为邹容所说的无非都是杀人放火的事情，比起章太炎所说的来，似乎更加癫狂，尤其是劝人造反一点，更加不可饶恕。然而，邹容不仅不自己逃走，反而到警局自首，好像疯狂一样，或许可以从轻判处。"

邹容出于自己的大无畏精神和战友情谊毅然自首，本来是光辉高贵的行为，在反动派眼里却是"状若疯癫"，这样算是一种笑话了。

然而，这种笑话在中国历史上却屡见不鲜：仅从近代来讲，革命党人前仆后继地进行反清革命，哪怕是粉身碎骨，受尽酷刑而死也在所不惜，这种行为在清廷和奴才们眼里就是"疯狂"的；抗日将士们饮脏水、食劣食，以血肉之躯抗衡日军的飞机坦克，凭借劣质的装备战胜了比自己凶残的敌人，这

114

在甘心卖国为奴的人眼里也是"疯狂"的；志愿军战士们死守上甘岭，任凭美军炮火将岭上土地犁了一遍，哪怕炮火喧天，哪怕枪林弹雨也是"虽千万人吾往矣"，这在美国人眼里也是"疯狂"的。

然而，最奇怪的是，那些不"疯狂"的人从来没有为中国的富强作出哪怕是一星半点的贡献，反倒是这些"疯狂"的人们在用自己的鲜血与热情创造着人世间最伟大的奇迹——他们让一个受尽屈辱的文明古国重新焕发了生机，重新获得了站起来的权利。

有人说这是一种信念，有人说这是一种决心，有人称之为一种信仰。或是坚信，或是坚持，或是坚定，后来的人如何解说都可以，但是我们有一点却可以相信——这些人，怀揣理想。

因为理想，我们坚定；因为理想，我们坚持；因为理想，我们不计回报，不惜生死，不惧艰辛，心中怀梦，追梦前行。

狱中生活

监狱里面的生活是非常辛苦的：章太炎、邹容两人在判决后关押在提篮桥租界的监狱，两人共居一室，每日缝衣做饭，吃着最粗劣的食物，过着最艰苦的日子，干着最艰辛的工作。

租界监狱堪称死地，里面惨无人道之处数不胜数。在被囚禁的五百人中，每年有超过一百六十人受尽虐待而死，死亡率高达百分之三十。而那些自己国家已经沦陷的印度人更是残暴无理，不仅喜欢暴打犯人，打人腰腹，在把人打倒在地之后，还会由好几个狱卒围着打，直到犯人昏死。

虽然多次遭到狱卒暴打，邹容却不以为意，毫不屈服，依旧坚持在监狱里面进行抗争。每逢探监之时，蔡元培等革命志士们就会进来探监，带来最新的外界消息，他们或是一起策划革命，或是一起激励彼此。此外，还有许多海内外的革命志士寄来书信慰问，这给了两人很大的动力。

虽然刑期不过两三年，看起来并不算长，但是在那种环境之下，两人对于出狱并不抱任何希望，随时准备以身许国。为了激励自己的决心和毅力，他们在狱中相互唱和，彼此鼓舞，共同吟唱诗词：

其一

击石何须博浪椎（邹），

群儿甘自作湘累（章）。

要离祠墓今何在（章），

愿借先生土一抔（邹）。

在监狱里面砸石头哪里用得着博浪椎（张良雇佣大力士于博浪沙用大铁椎行刺秦始皇，未果）呢？我们已经甘心成为三闾大夫屈原那样的人物，愿意为了国家捐躯一死。要离

116

先生的墓地现在在哪里呢？我们死后愿意借先生墓上一抔土来埋葬自己。

其二

平生御寇御风志（邹），

近死之心不复阳（章）。

愿力能生千猛士（邹），

补牢未必恨亡羊（章）。

平生怀着列御寇御风而行的志向，现在死期已近心中不复生机，没有任何幻想。希望能够有千名猛士加入革命队伍，补全羊圈后也不用遗恨丢失了羊，只要能为革命开拓道路，即使粉身碎骨也在所不惜！

两人苦中作乐，相互唱和，表现出了无与伦比的革命乐观情怀和大无畏精神，值得后人敬仰。

邹容还在狱中给柳亚子写信，感谢柳亚子对于自己的赞扬和关心，阐述了自己忧国忧民的情怀和对于国家民族的眷恋，内容真挚可感，现在翻译如下：

我看到了您写给章太炎先生的信，知道了近来的情况。我知道了您还知道中国还有我这个人，没有因为我人微言轻而忽视我，这让我非常感激。我对于国家没有什么贡献，在这里羁押了半年，只是多了一些感慨。幸而有章太炎先生和我一同服刑，我们一同饮食，相互唱和，彼此激励。在领略了您的深奥思想后，感觉耳目一新，只可惜我实在愚钝而不堪造就，加上思路断绝，即使想写一些东西尽我作为国民的责任也不可得了。幸好得到了您写的文章，生机活泼而鼓吹国民精神，祖国的前途或许就在您身上了！我们的监禁之事传到了北京似乎有些变动，等到有了消息再作定论。

正是因为邹容这种身处深狱而不忘家国天下的情怀，使得柳亚子非常感怀。在他1905年写的《哭威丹烈士》两首中，这种思想得到了淋漓尽致的抒发：

其一

白虹贯日英雄死，如此江山失霸才。

不唱铙歌唱薤露，胡儿歌舞汉儿哀。

当白虹贯日的时候，就是英雄陨落的时节。可惜中国江山失去了这样的优秀人才。我没能唱起凯旋的乐歌，却不得不哀唱《薤露》的挽歌，胡人们尽情歌舞庆祝大敌死去而汉人们却要哀伤至极！

118

其二

哭君噩耗泪成血，赠我遗书墨未尘。

私意公情两愁绝，几时王气划珠申。

听到您的噩耗我痛哭失声，以至于眼中泪尽，尽是流血；您赠给我的遗书上面的墨迹还没有蒙尘。不论是出于私情还是公义都令我哀感至极，不能自已，究竟什么时候汉人才能够崛起，将清朝彻底覆灭？

两首诗都极尽哀伤，表现出了柳亚子先生对于这位小弟的爱恋和不舍。

在狱中，邹容还给蔡寅写了一封信，原文不长，翻译如下：

读到了您给章太炎先生写的信，等到金松岭君到来，又听说了您的近状。想到初夏时分，和您一起在爱国学社一同讨论天下大事，心中感慨万千。岁月逼人，到了现在又是将近一年了。最近以来，瓜分中国的言论甚嚣尘上，我们这些亡国之民都是同样的愤慨不已，不能自持。清朝伪政府擅自将我们汉人的领土血汗奉献给列强的皇帝统领们，我只是恼恨我们汉人甘做奴隶而完全想不到要奋起反抗罢了。现在海内外奋起抗争的思潮大兴，我们英明神武的祖先或许会眷顾他的子孙，我们亲爱的同胞们或许能够同心同德，共抗大敌，再加上我们同志坚持斗争不退缩，终究会有将五百万满族做成肉酱的一天！监狱里的事情您问松岭就知道，不具体阐述了。

虽然身体和精神都受到了极为严重的打击和伤害，但是邹容仍旧没有半点退缩，坚持和反动势力做着斗争，坚信终有一日能够"俎醢此五百万蛮族"，可谓是意志坚定、绝不动摇！

英年早逝

1904年，蔡元培和章太炎取得联系，共同成立了革命团体"光复会"，积极联系江浙革命志士进行反清活动。根据某些史料记载，邹容因为章太炎的关系也参加了光复会的活动。

究竟是什么力量驱使着邹容身处牢狱之中仍然奋战不休、反清不止呢？这一直是一个令人困惑的问题——邹容壮烈牺牲时年仅二十一岁，这本不是一个容易诞生烈士的年龄。

二十一岁，放到现在还算是个孩子，还应该在学校里读书学习，享受着美好的青春韶华，感悟着春花秋月的哀婉凄绝，本不是一个应该承担起太多责任的年纪。然而，年仅二十一岁的邹容却做到了不知多少四十二岁、六十三岁、八十四岁的人做不到的事情，完成了不知多少普通人难以企及的伟业——这背后支持他的，又究竟是怎样的力量？

有人说是理想，一种希望看到中国崛起，希望看到民族独立，希望看到同胞智慧的理想，这种基于惨痛现实之上的理想让一个人拥有永不懈怠而永不放弃的强大动力；有人说是信仰，邹容信仰革命，信仰民主，信仰自由，坚信自己的劳动都是在朝圣，自己永远行走在前往圣地的路上，死亡对于他来说只不过是走了捷径罢了；有人说这是承诺，承诺要带给人民幸福，承诺要赶走满洲异族，承诺要战胜列强侵略，邹容自出生之日起向天地宇宙许下了庄严的承诺，而后便要用一生的时间去践行自己的承诺。

理想也好，信仰也罢，承诺也罢，都只是一种说法而已，事实是这个年轻人的确在历史的巨岩上敲出了最伟大的火花，照亮了清末灰暗的天空。

前面已经说过，狱中的生活非常辛苦，不仅要终日劳作还要遭受打骂，根据章太炎的记载，他们经常遭受狱卒的欺压，有时候还被用软梏夹住手指，痛苦不堪。章太炎为了解除狱中的烦恼，开始研究佛学典籍，还曾为邹容讲解因明入正的理论，声称学会了这些理论可以减少苦恼。然而，佛法无边也解决不了邹容的无限怒火，邹容依旧是骂声不绝，奋战不休。章太炎说邹容"年纪轻轻就成了囚犯，狱卒经常欺负他，因此心里极为不平，就算吃麦麸饭都吃不饱，因此心里更加激愤。"

长年累月的折磨加上三餐不继的生活给邹容的健康带来了很大的影响，1905年2月，邹容终于病倒，多次昏迷，病情危急。章太炎托人从外面买来了黄连阿胶等中药给邹容滋养，却没有任何效果。心急如焚的章太炎多次同监狱长交涉，要求找个医生为邹容治疗，结果得到断然拒绝。

过了一个多月，邹容的病情不仅没有任何好转，反而急剧恶化，眼看就不行了，直到这时候会审公廨才允许保释出狱，而这时候距离两人出狱已经没有几天。出狱前一天，章太炎等人带着邹容去了工部局医院，医生给了一包药服用，邹容回到监狱之后就服用了此药。

1905年4月3日凌晨，阴云密布，雨声大作，水汽氤氲，冷风催魂。就在这个春寒料峭的清晨，邹容突然于狱中逝世，这距离他出狱仅仅七十多天。

悲痛欲绝的章太炎抚尸痛哭，心胆俱裂，而邹容死不瞑目，抱恨而终。因为就在邹容死前一天曾服用了工部局医生开的药，死的时候口吐鲜血，痛苦至极，是以社会各界都怀疑邹容死于谋杀。东京中国留学生会馆特地派张继回国调查，可惜调查的过程也无疾而终。

邹容就这样走了，带着遗憾、带着不舍、带着愤怒离去了；他死得那么惨，那么早，那么可惜——他死的时候年仅二十一岁，正是风华正茂，前途无量的时节，他死的时候"髀肉尽消，空存皮骨"（大腿上的肉已经全部消失，浑身只剩下皮包骨头了），可见在狱中遭受的折磨打击有多么大。邹容死后，监狱竟然将这位烈士的遗体抛掷墙外，不闻不问，后来《中外日报》的志士们将他收殓，暂时停放在四川义庄。

4月5日，中国教育会为邹容召开了追悼会，参加者接近百人。不久，在上海和日本的革命刊物上，人们纷纷发表诗文悼念死者，借此鼓励生者奋发，继承遗志。

有一篇祭文是这样写的："江流出峡，一泻千里而至东瀛兮，乃以汉魂而吸欧粹耶。建共和、民主两大旒兮，撞钟伐鼓满天地耶！"江流涌出三峡，一泻千里而直达东瀛，以汉族人的精魄吸取西方政法的精髓；建起共和、革命两杆大旗，撞起钟来，敲起鼓来，声震天地，气势无两，乃至于世界轰然，宇宙震响——这祭文可谓是至评。

邹容为中国革命献出了自己的短暂的生命，但是他自己却没有找到一块安息的土地，这让所有革命志士们都于心不安。同盟会会员刘三不怕被清朝通缉，决心为战友找到一块地方安息。在找到邹容的棺材后，他在上海县华泾乡自己的住宅黄叶楼旁为邹容选好了一块墓地，接着，他找人挖好墓穴，砌好砖椁，为邹容营造了一个不错的墓穴。1906年4月3日，邹容逝世一周年那天，他约了四维乡亲，趁着夜色秘密地将邹容的棺材抬到船上，运送回华泾安葬。第二日，刘三到邹容墓前焚诗悼念，以至于"热泪纵横，泣不成声"，极尽哀思。刘三冒着清朝追查的风险安葬革命烈士的行为无疑是值得赞扬的，而他的侠义行为也注定名垂青史。

社会各界对刘三的行为交口称赞，"义士刘三"的名字也从此载入史册，永垂不朽。1924年4月，章太炎邀请章士钊、张继、李根源等二十多人前往华泾祭扫邹容墓。章太炎将他于1907年3月所作的《邹容传》稍作修改，作成《赠大将军邹容墓表》（邹容被追封为陆军大将军），经由后来的国民党元老于右任书写，刻石记录平生功绩，传之后世，以铭久远。

在这里，我们不妨翻译作白话文，借着阅读朗诵的机会追忆逝去的名人先贤。

在这里逝去的人名讳是容，字蔚丹，四川巴县人，父亲某某，在川陇之间行商。邹容少年聪慧，年仅十二，就能诵读九经，《史记》、《汉书》都能朗朗上口。父亲想要他考取功名，邹容却没有这种打算，喜欢研究金石雕刻，父亲发怒，经常用鞭子抽打邹容直至流血，但是也更加喜爱邹容了。

邹容跟着成都吕文翼学习，和别人交谈时指天画地，非议尧舜而鄙薄周孔，没有什么回避的。吕文翼害怕了，就让邹容退学了。得到父亲允许后去日本学习，那时候年仅十七岁。他和同学一起规划建设中国协会，没有成功。在日本学了两年，当时陆军学生监督姚某有奸情暴露，邹容带着张继等五个人推门进入他房中，打了他几十个耳光，用剪刀剪断了他的发辫。张继，就是曾经善化秦力山发表议论抵制君主立宪的人。

痛打姚某的事情被人知道之后，邹容为了避祸回到上海，和余杭章太炎在爱国学社相遇。当时爱国学社的学生都学习英语，邹容就调笑他们说"你们可以当商人了！"学社的学生都非常愤怒，想要打他。

广州大商人冯乙曾经加入英国籍，那时候在上海成立了国民议政厅，招揽邹容。邹容诘问他说："你是英国人，那你所谓的国民议政厅的国民究竟是中国人还是英国人？"冯乙非常羞愧，国民议政厅的事情也无疾而终了。

邹容对于中国历史有很深的造诣，因为曾经跟着吕文翼学习，所以也通晓训诂、《说文》的学问。邹容厌恶异族如同仇敌，曾经写过《革命军》的草稿来号召国民抵制清人，自己觉得言语太过浅陋，要求我来进行修饰。我说："想要感动一般的民众就是需要这种浅显的文字。"于是我为他作序而帮他刻印。我自己也有《驳康有为书》，和邹容的书是同一个意思。

当时又有《苏报》报馆，长沙的章士钊在上面发表议论同我们相互呼应。邹容和章士钊、张继都是少年人，唯独我章太炎年纪较长，我们相处得非常好，相约为兄弟，一起兴复汉族。当时正好清朝派出江苏候补道俞明震来检查革命党，我和邹容都被逮捕入狱，关在上海租界监狱里面。我们每天在一起谈论经文，还时时讨论佛经。我教给邹容因明入正理论，还说："学会了这个，可以解除三年的忧患。"当时清政府自降身段，和我们这些布衣打官司，南洋大臣派出律师来法庭和我们辩论，我们在会审团面前与当局相争不已，讨论汉人和满人的区别，让听到的人都非常惊骇。

会审团不能判决我们的罪行，只能上报外务部，外务部的人也感觉非常惭愧。第二年，他们和外国公使商定讨论，我们两人都被罚监禁劳作，清政府的尊严也得到保全。邹容年纪方少就成为囚徒，因此狱卒多次欺辱他，邹容心中愤愤不平。狱卒给的麦麸饭又非常少，根本不能吃饱，因此邹容心中更加激愤，结果染上了内热的毛病，第二年正月，邹容疾病发作，体温不是很高，但是总是昏昏欲睡，又烦恼冤狱不得伸张，因此辗转难眠，夜里自己痛骂清政府和列强，到了第二天就昏迷不醒了。我知道他的病严重了，就托人买来了黄连、阿胶、鸡蛋、黄汤，但是没有作用。我把事情告诉监狱长，希望能够亲自为他把脉治病，但是不被允许；请求召来日本医生治病，又不被允许。邹容病了四十天，二月二十九日在狱中死去，年仅二十一岁。我去给邹容整理仪容，邹容眼睛还没有闭上，想来是死不瞑目了。

当初进行判决的时候，我被判处三年刑期，邹容被判处两年刑期，到了邹容逝世的时候，邹容还有七十天就刑满释放了。是以，邹容的暴毙让中外人士都怀疑有内幕存在。于是上海的义士刘三把邹容的尸骨收起来，葬在华泾，树立了碣石，没有封上。

位于上海市华泾镇建华村的邹容之墓

邹容死后，他所写的《革命军》大行于世，先后刻印了二十多版，有的人住在内地不能得到《革命军》，竟然用十两白银买来，放在笼中，外面用衣服鞋子各种杂物掩盖，以防被检查的士兵发觉，我们也依赖邹容的言论来为革命进行宣传。六年之后，武昌起义爆发，1912 年，民国政府赠给邹容大将军的称号，四川军政府用大礼为邹容进行招魂，大总统孙中山亲自前往拜谒。

刘三，品行高洁，不好交友，通晓大义，为邹容埋葬，却从来不居功，因此我们这些朋友都不知道邹容葬在哪里。十一年冬，我才终于知道邹容的墓地位置。十三年春，我和章士钊、张继等二十多人到华泾祭祀。腾冲李根源商议说："像邹容这样为国家立下大功的人，假如墓碑上没有石刻，后世的人又怎么能知道他的功绩呢？"因此前来祭祀的人都起立致敬。我在流亡日本的时候已经为邹容作传，到了这时候，就对原文进行删改作为墓碑的墓表。

邹容牺牲时年仅二十一岁，没有婚娶，更没有后代，为了不让烈士绝嗣，经过当时四川省政府、重庆市政府、巴县县政府的批准，把邹容兄长的孩子邹枚过继给邹容为子，享受烈属待遇，还能领取抚恤金，虽然任何补偿都不能弥补烈士的逝去，但是这种纪念也算是对于烈士的尊重与承认。1918年章太炎任护法军政府秘书长的时候，就曾经到重庆的邹容祠行礼并探望邹容遗族。

在而今的人看来，家族里面能够有这样一位英雄先烈无疑是天大的荣耀，值得永久传扬。然而，在邹容刚牺牲的那一段时间，事情并不是这样的。根据《先祖邹容及其家书》（邹容后代邹传参所写），我们或许可以了解邹容逝世之后家人的反应，可以从中品出一些不同的况味来：

根据写作《先祖邹容及其家书》的邹先生的回忆，他的母亲曾经听家中老人讲，邹容在上海被捕之后，全家大难临头，曾经举家迁到陕西避难，算是印证了当年舅父刘华庭的"老成之言"。邹容的家庭并不进步，根据我们前面的记述，邹容曾经动员家人出钱资助革命，却被认为是"狂悖之言"不被接受，就连他去日本留学的机会也是几经周折冒着和父亲决裂的风险换得的。那个时候，因为邹容成了"朝廷要犯"，全家人面临的危险可想而知，不仅生意难以进行，家里人也都把他视作"不肖子孙"，对他没有什么正面的评价。由此，民族英雄、少年先烈邹容虽然得到了革命党人的一致赞扬和怀念，却成了自己家族的"罪人"。

直到1912年孙中山就任临时大总统，追封邹容为陆军大将军，决定给以邹容家抚恤，才算是扭转了这一局面。当喜报传到重庆邹容家祠堂的时候，邹容家人还以为政府又来抓人了，竟然不敢承认邹容是这个家族的人。几经解释，邹家人才接受了喜报。

一代革命先贤，一位少年英雄，在奋勇捐躯之后竟然不被自己家里的人承认，我们在悲叹可惜之余，却不免有些感动——当时的革命党并不是一种"正当"的职业，甚至是一种冒着杀头抄家风险的"高危职业"。他们反对的不是一个人，不是一群人，而是一个政府，一台国家机器，一个庞然大物。他们的辛勤与付出看起来不会有任何回报，不会有任何结果，这只庞然大物只是依旧庞大，依旧强悍，依旧难以撼动。会绝望吗？会失望吗？会灰心吗？也许会的，但是这些人没有选择放弃——即使，这意味着放弃自己一生的前程；即使，这意味着有可能身死牢狱而无人理睬；即使，这有可能带来巨大的痛苦和难以言明的绝望。他们，还是坚持了下去。

我们现代的人没有经历过那种环境，很难用某种词语或者定义去限定或者赞扬那些先贤。他们太伟大，太崇高，太卓越，以至于仅靠言辞已经很难去描述他们的超凡脱俗。但是，我们永远知道，他们的付出虽然没有被当时的人认知，却被无数享受自由平等权利的后人铭记；他们的牺牲虽然没有被当时的社会承认，却被无数缅怀先烈的后来者追忆；他们的伟大虽然没有被同时代的千万民众知晓，却将永远被铭刻在湛湛青史上，永垂不朽，熠熠生辉！

身后流风

正如邹容在《革命军·自序》中引用的蒋观云《卢骚》诗中的一句"文字收功日，全球革命潮"，邹容虽然自己逝去了，但是他留下的流风余韵和深远影响却永远地影响着这个世界。可以毫不客气地说，邹容的《革命军》对于辛亥革命等民主革命高潮的到来，起到了先导和奠基作用。

通观《革命军》一书，节奏简洁明快，语言明白晓畅，内容若雷霆震怒，思想如开天辟地，气势如滔滔江河，可谓是震撼中国的一声炮响，炸开了晚清世界的重重阴霾，照亮了无数迷茫者的革命之路。《革命军》高举着"自由"与"民主"两杆大旗，带着无穷的热情与横扫一切的决心一路前行，注定要带着中国革命走向胜利。正如鲁迅在后来所言，"便是悲壮淋漓的诗文，也不过是纸片上的东西，与后来的武昌起义怕没有什么大关系。倘说影响，则别的千言万语，大概都抵不过浅近直截的'革命军马前卒邹容'所做的《革命军》。"这句话可谓是至评。

假如要说《革命军》为何有这么强大的影响，这或许和他的文字浅显易懂，语气锋芒毕露有关，但是更重要的，就是这本书直指反动派最畏惧、最害怕的部分，将他们的老底彻底揭露，所以引起了反动势力的极大恐慌。也正是因此，色厉内荏而做贼心虚的反动派以"大逆不道"为借口大兴"文字狱"，查抄报馆，使得一大批革命志士捐躯牺牲。也正是这样，《革命军》就不再只是邹容的《革命军》，而是革命党的《革命军》，更是中国的《革命军》。从此，邹容个人的命运、作品与整个大时代牢牢结合在了一起，使得海内外革命同仁争相一睹为快。

此外，邹容的实际斗争也和他的《革命军》一样成为铮铮铁证，邹容的行为与文章相互激荡，相互印证，成为照亮革命之路的指路明灯，不断地提醒着天下革命志士们胜利需要靠奋战获取。诚如当时的报刊所言，"《苏报》被禁，邹容、章太炎被关押，中国革命的势头已经激荡天下。"这说明，革命的进展和推动是要靠邹容这种实际斗争去推动的，假如仅仅只是"纸面上的东西"，几乎是不可能"激荡于天下"的。

《革命军》出版之后，流传翻印极广，风行海内外，影响力达到了中文书籍前所未有的程度，可以说，中国的《革命军》让很多外国人重新认识了中国，给了中国一个新的标签。

当时反革命势力尚且强大，为了避免遭到这些反动势力的查禁，《革命军》在翻印时往往改头换面，以别的名字出现。1903年在新加坡翻印的时候，改名为《图存篇》；同年，在香港翻印为《革命先锋》；上海的翻印者将他叫作《救世真言》；在横滨翻印的时候还和章太炎的《驳康有为革命书》共称《章邹合刊》；更有人将这本书与《扬州十日》合刊，其中反清革命之意昭然若揭。根据后世人的不完全统计，这本书在辛亥革命时期一共印了二十多版，总印数超过一百万册，在清末革命书刊的销量中排行第一。

关于《革命军》大行其道的原因，也是颇为复杂。

首先，清政府对《革命军》可谓是恨之入骨，对于邹容更是恨不得食肉寝皮，想着把邹容和他的书挫骨扬灰，化为齑粉。但是也正是政府的严禁，使得大众对于这种书有了极强的好奇心。

《革命军》在"《苏报》案"之后得到迅速传播，其中就和"《苏报》案"的巨大影响力有关，算是做了一次广告。这在陈天华的小说《狮子吼》中有明确表述。在第七回的"破迷报馆案"就是影射这一案件。其中一段大意是这样说的"当时有一个破迷报馆，专门和政府过不去，所登的言论都十分激烈，里面有一篇《革命论》（暗指《革命军》）更是痛快淋漓。这篇文章一出版，人人传颂，革命革命，排满排满的呼声响遍全国。"

"《苏报》案"轰动社会，人人不满，这种不满汇集起来，虽然不会立即转化为对于清政府的对抗，却会以一种温和的方式激发出来——很多人就因此很想看看作为导火索的《革命军》，这就在客观上增加了《革命军》的知名度。事实也正像我们所分析的那样，帝国主义关住了邹容的身体，却关不住他的精神，更关不住一部《革命军》。这部书冲破了重重阻隔，到处传阅，成了革命的打火石、原动力。

位于重庆市渝中区南区公园内的邹容烈士纪念碑

此外，因为《革命军》强有力的感染作用，革命领袖们也把它当作革命宣传的"制胜法宝"。

革命先驱孙中山十分重视《革命军》的宣传作用，1903年，他携带着部分《革命军》到檀香山向海外华侨宣传革命，"感动皆捷"，起到了极强的宣传作用，宣传材料被华侨索取一空。同年12月，孙中山在檀香山重建了被保皇党人破坏的革命组织，为了纪念邹容的功劳，他将原来的"革命党"改名为"革命军"。1904年,孙中山在旧金山进行革命宣传,在"致公堂"和《中西日报》的协助下,他们一共刊印了《革命军》共一万一千册,分头寄到美洲、南洋等华侨聚居地。1906年7月,孙中山致信同盟会新加坡分会副会长张永福,寄给他《革命军》一本,还要求张永福"照着这个版式速速进行印刷,分头派人进行分发,一定可以打动人心,起到极好的宣传效果"。1912年,孙中山就任南京临时政府大总统,因为"邹容在全体国民都醉生梦死的时候,独独能著书立说,鼓舞人心",追赠邹容为陆军大将军"告慰忠魂,使之永垂不朽!"

不仅如此,革命党中另一位元勋、黄花岗起义的总指挥黄兴也把邹容的《革命军》、陈天华的《猛回头》暗地赠送给中国军界学界,进行策动。

假如上面所说的是革命当中的首领行为的话,下面要说的就是普通革命志士的行为了,他们虽然没有如同孙中山、黄兴那样的影响力,却也用自己的努力传播着《革命军》的影响,孜孜不倦地为中国人的觉醒和醒悟作出贡献。

1903年夏天,邹容的同乡,来自四川的革命者卞鼎,倾尽所有家财,筹集了资金前往上海购置了大批《革命军》,回到邹容的家乡重庆进行散发。

1906年,湖北的革命团体日知会,在距离汉口百余里的黄州,秘密翻印《革命军》等革命宣传书籍,由会员携带到武汉各地,以至于几个月之后武汉军界、学界几乎人手一本《革命军》，不仅如此，等到数年之后武昌革命之际，参加革命起义的新军士兵几乎每个人都有一本《革命军》，几乎人人能就其中的理论进行阐述。

后来于1905年试图用炸弹炸死清朝大臣的革命烈士吴樾在得到《革命军》之后"三读不置"（读了好多次都爱不释手）；四川著名的会党（地方势力团伙）佘英在读到《革命军》《警世钟》等书籍之后，幡然醒悟，彻底变成了一位革命党人，不仅每天拿着两本书在街头巷尾公开宣传，向民众进行演讲，"听者如堵，皆大感动"（听演讲的人围得好像墙一样，都非常感动），后来还参加了同盟会，最终因为起义失败英勇牺牲……

以上的事例都告诉我们，《革命军》这本书绝对不仅仅是一本普普通通的革命宣传书籍，更是一本类似指路明灯的书籍，激励着无数爱国人士为了国家的独立、民族的振兴奋战不休。可以说，邹容的肉体虽然在这个世界上消逝了，但是他的精神却因为一本皇皇《革命军》而永垂不朽，成为中国历史上一颗熠熠生辉的明星。

正如毛主席《在中国共产党全国宣传工作会议上的讲话》中说的那样，"中国的改革和建设靠我们来领导。……我们国家要有很多诚心为人民服务、诚心为社会主义事业服务、立志改革的人。我们共产党员都应该是这样的人。在从前，在旧中国，讲改革是要犯罪的，要杀头，要坐班房。但是在那些时候，有一些立志改革的人，他们无所畏惧，克服重重困难，出版书报，教育人民，组织人民，进行不屈不挠的斗争。"正是因为中国有了邹容这种不屈不挠而勇往直前的革命斗士，中国革命才一路高歌猛进，一往无前，最后百川汇流，获得胜利。因此，对于这些作出伟大奉献和牺牲的人物，我们有必要加以铭记。

无产阶级革命家吴玉章同志也在1961年纪念辛亥革命50周年之际写了一首《纪念邹容烈士》的诗：

> 少年壮志扫胡尘，叱咤风云革命军。
>
> 号角一声惊睡梦，英雄四起唤沉沦。
>
> 剪刀除辫人称快，铁槛捐躯世不平。
>
> 风雨巴山遗恨远，至今人念大将军。

邹容年纪轻轻就有了扫除胡人的雄心壮志，他在革命大潮之中叱咤风云，写就了皇皇《革命军》警醒世人，这本书宛若一声号角惊醒了沉睡的迷梦，也唤起了沉沦中的人民。邹容曾经用剪刀剪掉了小人的辫子大快人心，最后却在牢狱捐躯让人不平。风雨巴山是他归来的地方，英雄逝去遗恨深深，我们后人至今铭记他的贡献，称道这位年少有为的大将军。

1981年9月，上海市纪念辛亥革命七十年筹备委员会还举行了隆重的祭扫革命先烈邹容坟茔的仪式，不仅将邹容的坟丘整饰一新，更是在社会上兴起一股怀念先烈的风潮。重庆市人民政府对高高挺立于长江江畔，端立于市渝中区南区公园的邹容纪念碑进行了整修，在此召开了极尽哀荣的悼念仪式，《重庆日报》还以"南区公园郁郁葱葱 烈士忠魂激励后人"为题作了专题报道。

所谓"长夜难明赤县天，百年魔怪舞翩跹"，在旧时代的中国，邹容无疑是一位坚定的革命者，他用自己的鲜血与热情感染了无数沉睡者，让他们从懵懵懂懂走向大彻大悟。他的生命虽然只有短短二十一年，却焕发出了千百年的平庸人生不能拥有的伟大光辉，注定将要被中华人民所深深铭记，永远怀念！

后记

在邹容出生的时候，垂垂老矣、奄奄一息的清王朝已经走过了最光辉的岁月：昔日身披重甲浴血沙场的八旗铁骑已经迅速退化为只会遛鸟斗狗的纨绔子弟，只知道领着每个月的"铁杆庄稼"，成为一无所长的废人；大清国曾经建立的文治武功都已经荒废衰败，只留下一个空架子还有着些许的威慑力和最后的荣光；一度领先世界的生产技术与强悍国力在一群文恬武嬉的文武大臣和"养于深闺之中，长在妇人之手"的废物皇帝的糟蹋下已经不成样子，徒留下一个大而穷的大清帝国任凭雨打风吹去。

即使是这样，即使还有着辽阔的疆域和众多的人口，这个空架子也吓不住来自西方的船坚炮利的侵略者了。在经过鸦片战争等武力的试探之后，清朝终于像那只被带到贵州的驴子一样暴露出了真实实力，而贪婪成性的侵略者们欣喜地发现——哦，这个身体庞大的家伙其实没什么本事，根本不能抗衡我！

《南京条约》《天津条约》《北京条约》……一个个条约就如同咬在中国人身上的血盆大口，不仅吞噬着中国人的血肉，更破灭着中国人的将来。

中国，开始了长达百年的沉沦。

在邹容逝世的时候，苟延残喘了几十年的清朝终于走向了它的末路，再也控制不了局面，革命党、保皇党、正统党，各种政治势力你方唱罢我登场，争先恐后地在这个大舞台上亮相，展示着自己的政治思路和改良方案，清政府灭得了戊戌变法，杀得了一个革命党，毁得了一个《苏报》报馆，却不可能毁灭全天下的革命志士。

就在邹容逝去不到六个年头，1911年（宣统三年）清政府以"铁路国有"的名义要收回当时已经是私人财产的川汉、粤汉铁路，愚蠢之极的清政府还做着"千秋万世，皇统无疆"的美梦，以为人民会乖乖地将所有的财产和权利奉上。

然而，不是了。

经过邹容义愤写就的《革命军》，有了陈天华以死明志的慷慨悲歌，有了无数仁人志士的争先恐后的捐躯许国，中国人再也不是清政府以为的任打任杀的奴隶。

他们聪明了，他们智慧了，他们觉醒了，他们知道了这世界上还有着"民主"、"自由"的概念，明白了人民有权利为自己争取利益，明白了"民为贵，社稷次之，君为轻"，第一次知道了我们这些如同草芥一般的"草民"原来比起那些高高端坐于朝堂之上的达官贵人更加重要。

于是，他们奋起了。

湘、鄂、粤、川等省的人民走出家门，走上街头，开始了正义的反抗。他们虽然手无寸铁，虽然肉躯不坚，却有着自己的坚定与独立。运动在四川省进行得尤其激烈，川蜀大地的人民们纷纷组织起了"保路同志会"，他们推举立宪党人蒲殿俊、罗纶为正副会长，相约以"破约保路"为宗旨，运动参加者数以十万计。

他们的行为受到了清政府的镇压：1911年9月7日，清朝走狗、四川总督赵尔丰逮捕罗纶、蒲殿俊等保路同志会代表，还派出军警枪杀数百请愿群众，第二天他又下令解散各处保路同志会。

清廷本以为，清朝官员们本以为，这种残酷与血腥足够吓倒"无知草民"，足够将他们的勇气彻底毁灭。然而，他们错了，他们不知道，革命的火焰虽然微弱，但是一旦有燃气，就会星火燎原！

1911年9月间荣县独立，这是全中国第一个真正意义上脱离清政府的政权，是为"保路运动"的高潮部分。

1911年10月10日晚，新军工程第八营的革命党人打响了武昌起义的第一枪，揭开了辛亥革命的序幕。而就在起义胜利后的不到两个月内，湖南、广东等十五个省纷纷宣布脱离清政府统治，自此宣告独立。

1912年1月1日，中华民国临时政府在南京成立，孙中山被社会各界推举为临时大总统。

1912年2月12日，清朝末代皇帝溥仪退位，清朝彻底灭亡。由此，持续了二百多年的清王朝封建统治和两千多年封建帝制正式宣告灭亡。

今年距离邹容逝世已经一百零九年了，一百多年的星霜岁月没有抹去邹容的伟大情操，反而让他更显伟大。今日世人的生活显然不可同邹容那时同日而语，我们没有必要专门受苦来感受那时的艰辛——然而，在我们享受着民族崛起之后的幸福时，请不要忘记，正是邹容这样的无数有名无名的革命烈士的牺牲，才换来今日的悠闲悠游。

不必时时铭记，但是请不要忘记。

毕竟，勇士不畏惧死亡，他们却不愿意被遗忘。

邹容年谱

1885年　出生

邹容出生于四川省巴县（今重庆渝中区），父亲邹子
璠。原名绍陶，又名桂文，字蔚丹（威丹），留学日本时改
名为邹容。

1890年　6岁

邹容进入私塾读书。他从小聪颖，言行叛逆。

1896年　12岁

邹容随哥哥参加巴县童子试，考题都出自四书五经，生僻
难懂，他罢考而去。

1901年　17岁

夏天，邹容到成都参加官费留学日本的考试，被录取。

临行前，当局以其平时思想激进，取消了他官费留学日本的资格。

1902年　18岁

他冲破重重阻力，自费东渡日本，进入东京同文书院补习日语，大量接触西方资产阶级民主思想与文化，革命倾向日趋显露。

1903 年　19岁

1月29日，邹容参加东京骏河台的留学生会馆的旧历新年团拜大会，发表演说，公开号召反清革命。

清政府派驻日本的留日陆军学生监督姚文甫道德败坏。3 月32 日夜，邹容带着几个同学冲入姚文甫的寓所，剪掉了他的辫子。事后，姚文甫向清政府驻日公使蔡钧控告邹容。邹容被迫离日回国。

回国后，邹容在上海寄居于爱国学社。

5月，邹容署名"革命军中马前卒邹容"的书——《革命军》由章太炎作序，在上海大同书局正式出版。这部书对当时日益高涨的资产阶级革命思潮起了极大的推波助澜的作用。

7月7日，清政府勾结帝国主义，查封了爱国学社和《苏报》，逮捕了章太炎。邹容激于义愤，自动投案。

1904年　20岁

5月，被租界法庭判处章太炎、邹容分别监禁三年和两年徒刑，并禁止中国人在租界内办报纸宣传革命和出版革命书籍。

1905年　21岁

邹容在监狱被折磨致病，于4月3日逝于狱中。

4月5日，中国教育会为邹容召开了追悼会，参加者接近百人。